꿈에 날개를 달아 주는
# 진로독서

꿈에 날개를 달아 주는
# 진로독서

초판 1쇄 인쇄 ｜ 2015년 3월 10일
초판 2쇄 발행 ｜ 2018년 4월 25일

지은이 ｜ 전국학교도서관 경남모임
내지그림 ｜ 김영서

발행인 ｜ 김남석
발행처 ｜ ㈜대원사
주    소 ｜ 135-945 서울시 강남구 양재대로 55길 37, 302
전    화 ｜ (02)757-6711, 6717~9
팩시밀리 ｜ (02)775-8043
등록번호 ｜ 제3-191호
홈페이지 ｜ http://www.daewonsa.co.kr

ⓒ 전국학교도서관담당교사 경남모임, 2015

값 14,000원

Daewonsa Publishing Co., Ltd
Printed in Korea 2015

이 책의 국립중앙도서관 출판시 도서목록(CIP)은 e-CIP홈페이지(http://www.nl.go.kr/ecip)에서
이용하실 수 있습니다. (CIP제어번호 : 2015007574)

KOMCA 승인필(p.127 네모의 꿈)

꿈에 날개를 달아 주는

# 진로독서

전국학교도서관담당교사 경남모임

대원사

"넌 커서 뭐가 될래?"

"과학자", "대통령", "선생님", "의사"······.

어른들의 영혼 없는 물음에 자신의 꿈을 거침없이 말할 수 있는 아이들을 만나면 당당해서 일단 안심이 되고, 희망이 해처럼 불끈 솟는 것 같아 흐뭇해집니다.

그랬던 아이들이 학년이 올라갈수록 그 당당함이 줄어들고, 성적이란 현실적인 벽에 부딪혀서 좌절할 수밖에 없는 것을 보면 참으로 안타깝습니다.

이는 우리나라의 진로 교육의 현실을 보여 주는 한 예라고 할 수 있습니다. 진로 교육이 여러 분야의 성공한 분들을 모셔 놓고 한두 번 얘기를 듣고, 체험 보고서를 몇 장 써 내는 것으로 그친다면 그 교육적 효과를 기대하기 어려울 것입니다.

진로 교육은 독서 교육과 더불어 이루어질 때 옹골찬 그 가치를 발할 수 있습니다.

독서를 바탕으로 탄탄하게 쌓아 올린 진로 교육이야말로 학생 개개인에게 든든한 주춧돌이 될 수 있습니다. 또한 진로를 계획하고 개척하기 위한 전 단계인 '자기 이해'나 '진로 탐색' 과정이 충분히 교육 과정 속에서 아이들에게 제공되는 것이 중요합니다.

이 책에서 소개하고 있는 진로 독서 과정은 〈자기 이해〉－〈진로 계획〉－〈진로 탐색〉－〈진로 체험〉의 4단계입니다. 자기 이해 과정 8가지·진로 계획 과정 3가지·진로 탐색 과정 9가지·진로 체험 과정 3가지 등 총 23가지의 진로 독서 과정으로, 초등에서부터 고등까지 적용이 가능한 내용들입니다. 특히 현장에서 학생들과 함께 했던 학습 활동과 생생한 체험들로 구성되어 있어 쉽게 적용해 볼 수 있을 것입니다.

당장 좋은 성적을 잘 받지 못하거나 잘하는 것과 원하는 진로가 하나가 되는 통로를 찾지 못하고 있더라도, 책 속에서 자신의 꿈을 발견하는 아이들이 많이많이 생겼으면 좋겠습니다. 이 책은 그런 고민을 하는 일선의 선생님이나 학부모님께 권하고 싶습니다.

"작은 일에도 최선을 다하면 정성스럽게 된다."는 중용의 말처럼 지금은 앞을 가늠할 수 없는 막막한 어둠 속에서 길을 헤매고 있더라도, 독서와 더불어 자신의 길에 대한 열망과 노력을 다한다면 분명 자신의 꿈에 날개를 달고 옹골지게 자기 빛깔로 비상할 날이 올 것이라 믿습니다.

새로운 길을 향해 도전의 길에 오른 모든 이들이여, 화이팅!

노오란 희망이 영글기를 기다리면서
지은이 씀

# CONTENTS

책을 펴내며 / 4

## CHAPTER 01 자기 이해

나만의 가치를 사랑하자 / 11

내가 좋아하는 게 뭐지? / 19

소중한 나를 찾아서 / 27

긍정적인 내가 미래의 나를 만든다 / 35

나와의 만남 / 43

나는 어떤 동화책의 주인공이 될까? / 51

어떤 삶을 살 것인가? / 61

소원을 들어주는 팔찌 만들기 / 69

## CHAPTER 02 진로 계획

나만의 꿈 캐릭터 만들기 / 79

너의 미래를 보여 줘! / 91

꿈 가꾸기 계약서 만들기 / 99

## CHAPTER 03 진로 탐색

알아맞혀 봐! 뭐가 되고 싶은지 / 111

도전! 디자이너 되어 보기 / 117

나도 뮤지컬의 주인공 / 125

식물도감에서 식물학자까지 / 133

떠나자! 신나는 직업 여행 / 141

나는 행복한 사람입니다 / 151

나의 진로 멘토 찾기 / 159

직업 속에 숨겨진 가치 / 167

새로운 직업을 만들어 보자! / 175

## CHAPTER 04 진로 체험

그림책 작가를 만나다 / 185

KDC의 세계로 떠나자 / 193

가자! 직업 속으로 / 219

내가 좋아하는 게 뭐지?

# 자기 이해 01

꿈에 날개를 달아 주는 진로독서

# 프레드릭

· · · · · · · · · · ·

레오 리오니 글 · 그림 / 시공주니어 / 1999

　겨울을 대비하여 대부분의 들쥐들은 밤낮없이 열심히 일을 하지만, 유독 프레드릭은 조는 듯 웅크리고 앉아서 일하는 다른 들쥐들을 그냥 쳐다본다. 햇살과 색깔, 이야기를 모으고 있던 프레드릭은 겨울날 열매와 낟알 등의 양식이 떨어졌을 때 다른 들쥐들에게 햇살과 색깔, 이야기를 들려주면서 마음의 양식을 준다.

　이 이야기는 각기 다른 가치를 품고 살아가는 사람의 모습과 비슷하며, 어떤 가치를 갖고 살아야 할지 고민하게 만든다. 그림책 속 흰 바탕 위의 콜라주 기법은 햇살과 빛깔의 느낌을 부드러운 듯 강하게 전해 준다.

# 나만의
# 가치를
# 사랑하자

　사람은 다양한 분야에서 다른 특징을 갖고 살아간다.

　서로 다르지만, 다르다고 편견을 갖고 볼 것이 아니라 서로 이해하고 존중해 주어야 한다.

　'부지런한 사람은 좋고, 게으른 사람은 나쁘다.'는 베짱이와 개미의 이야기에서 나아가 『프레드릭』은 어떠한 가치를 가진, 어떤 사람으로 살아갈지를 깊이 생각하게 만든다.

　프레드릭을 이해하는 과정은 나를 돌아보고 나를 객관적으로 바라보는 시간이다. 또한 자신이 소중히 여기는 가치를 찾아, 나만의 가치를 사랑하며 지켜 나갈 수 있도록 더 튼튼한 나를 만들어 가는 자기 이해 과정이 될 것이다.

**준비물** | 가치 카드(모둠별 1종), A4 용지, 다양한 색종이들, 필기구

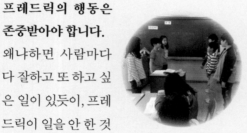 『프레드릭』 읽고 토론해요

『프레드릭』 읽어 주기를 통하여 프레드릭과 다른 쥐들의 행동이 어떻게 다른지 이야기해 본다. 프레드릭의 행동에 대한 찬반 토론을 한다.

### 프레드릭의 행동은 존중받아야 할까?

**프레드릭의 행동은 존중받아야 합니다.**

왜냐하면 사람마다 다 잘하고 또 하고 싶은 일이 있듯이, 프레드릭이 일을 안 한 것은 잘못되었지만 햇살, 색깔, 이야기를 모아서 양식이 떨어질 때 다른 쥐들에게 희망과 따스함을 주었기 때문입니다.

**프레드릭의 행동은 바르지 않습니다.**

왜냐하면 다른 쥐들이 열심히 겨울 양식을 준비할 때 혼자서만 멍하니 아무 일도 하지 않고 놀았기 때문입니다. 같이 협동해서 일을 해야 할 때 자기만 하고 싶은 일을 했기 때문입니다.

『프레드릭』이야기와 연계하여 자신은 어떤 가치를 갖고 살고 싶은지 고르면서 나만의 소중한 가치 1개를 정해 보는 시간을 갖는다. 가치를 찾고 정하는 방법은 피라미드 토론을 활용하여 진행한다. 피라미드 토론은 4인 1모둠 형태에서 '55 → 8 → 4 → 2'의 가짓수 순으로 가치 카드의 수를 줄여 나가면서 자연스러운 토론의 과정을 맛보게 하는 방법이다. 준비된 55개의 가치 카드를 모둠별로 나눠 주고 1개의 최고 가치가 남을 때까지 토론을 계속해 나간다.

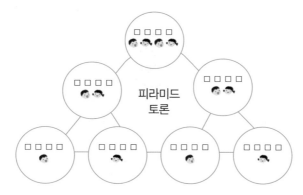

피라미드 토론

| 감사 | 결의 | 겸손 | 경청 | 고귀함 | 성실 | 성찰 | 소박함 |
|---|---|---|---|---|---|---|---|
| 공감 | 공정함 | 공존 | 관용 | 균형 | 아름다움 | 열정 | 예의 |
| 긍정성 | 끈기 | 기쁨 | 노동 | 능동성 | 우정 | 이해 | 인내 |
| 목표의식 | 명예 | 배려 | 배움 | 봉사 | 자제력 | 정의로움 | 정직 |
| 북돋움 | 분별력 | 사랑 | 사려깊음 | 사명 | 지혜 | 진실함 | 진취성 |
| 신념 | 신뢰 | 용기 | 용서 | 인정 | 자기사랑 | 존중 | 지도력 |
| 집중 | 창조성 | 책임감 | 친절 | 평화 | 협동 | 희망 | |

다음은 왼쪽에서 오른쪽으로 나아가는 피라미드 토론의 모양을 나타낸 것으로, 가치를 줄여 가는 피라미드 토론의 예시이다.

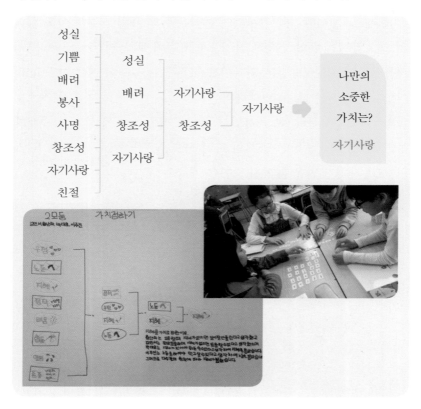

피라미드 토론을 하고 나서 각자의 꿈과 관련하여 나만의 가치를 생각해 보게 한다. 20년 또는 30년 후에 자신은 어떤 가치를 갖고 어떤 일을 하고 있을지를 미리 떠올려 보면, 앞으로 어떤 노력이 필요할지 스스로 느끼게 된다.

또한 자기를 돌아보고 이해하는 과정은 자신의 모습을 어떤 모양, 어떤 빛깔로 채워 가야 하는지 깨닫게 해 준다.

원을 만든 상태에서 교사가 무작위로 모둠을 정하여 활동하면 새로운 친구들과 부대끼며 말하고 이야기해 볼 수 있는 기회를 제공할 수 있다.

① 반 전체가 원으로 둘러앉는다.
② 여러 가지 빛깔의 색종이를 무작위로 원 안에 흩어 놓는다.
③ 교사의 신호에 따라 모둠별로 원 안으로 들어온다.
④ 여러 가지 색깔의 색종이 중에서 내 꿈과 관련된 색깔을 고른다.
⑤ 20년 후 내 모습을 색종이 위에서 동작으로 표현한다. 최종적으로 고른 나만의 가치를 떠올린다.
⑥ "정지!"라고 외치면 '동작 그만' 자세에서 얼음이 된다.
⑦ 교사나 친구가 질문하면 소중한 가치와 색깔, 꿈을 연관 지어 말한다.

## 재미있게 활동했어요

여러 가지 색종이 놓아두기

자기의 꿈과 관련된 색종이 찾아가기

어떤 일을 하는 모습인지 표현하기

가치와 색깔, 꿈을 연관 지어 말하기

슬이의 가치는?
배려입니다.
**초록색을 고른 이유는?**
초록 십자가처럼 저도 힘든 사람을
돕는 일을 하고 싶기 때문입니다.

**배려**하고 도와주는
**사회복지사**가 되고 싶습니다.

슬이가 고른 초록 색종이

 훈이의 가치는?
창조성입니다.
**빨간색을 고른 이유는?**
요리를 하면 양념이 들어가고 빨간
음식이 맛있어 보이기 때문입니다.

모양과 맛을 **창조**해 내는
**요리사**가 되고 싶습니다.

훈이가 고른 빨간 색종이

## 이렇게 느꼈어요

### 교사

아이들이 자신의 가치를 진지하게 골라 보고, 고른 가치를 지켜 나가려고 끝까지 설득하고 주장했던 토론 시간은 참으로 든든하고 자랑스러웠다. 『프레드릭』 이야기를 통해 나와 다르다고 해서 틀린 게 아니라 사람마다 생각하는 것이 다를 수 있다는 것을 이해하고, 서로 존중하면서 꿈을 키워 가길 바란다.

### 학생

🖌 카드 이용 토론을 처음 해 보았다. 피라미드 토론을 해 보고 나니 '나도 토론을 잘 할 수 있겠구나.' 하는 자신감이 생겼다. 또 하고 싶다.

전○규

🖌 프레드릭이 이해가 안 되고, 이기적이라고 생각했다. 그런데 이젠 그럴 수 있겠다는 생각이 든다. 왜냐하면 그것 역시 프레드릭의 특성이니까.

김○미

# 나만의 가치를 사랑하자

## 나는 내가 좋아

제이미 리 커티스 글, 로라 코넬 그림 / 중앙출판사 / 2005

당당한 어른으로 자라기 위해 자신을 이루고 있는 모든 것을 사랑하는 방법을 생기발랄한 그림과 함께 전해 주고 있다. 나를 꾸미고, 나만의 멋을 찾아서 스스로를 좋아하고 자랑스럽게 생각하는 것이 자기를 만들어 가는 당당한 모습임을 보여 준다.

## 노래하는 볼돼지

김영진 글 · 그림 / 길벗어린이 / 2006

볼돼지는 자기 마음을 몰라주는 어른들 때문에 화가 났었지만, 집안 식구들보다 훨씬 많은 관객들 앞에서 노래 솜씨를 뽐내는 상상을 통해 스스로 행복해한다. 남이 인정해 주는 것도 좋지만, 먼저 자신을 스스로 인정하고 사랑하는 것이 중요함을 알려 준다.

# 내가 좋아하는 것

민느 글, 나탈리 포르티에 그림 / 어린이 작가정신 / 2008

클레망스는 우리 주변에서 흔히 볼 수 있는 소소한 일상의 것들을 좋아한다. 아빠의 발 위에 내 발을 올려 놓고 걷는 일, 상처난 무릎 위에 생긴 딱지를 손으로 긁어 내는 일, 횡단보도를 건널 때 흰 선만 밟고 걷는 일 등 평범한 일상에서 행복을 느낀다.

순수하고 작은 것에도 행복해할 줄 아는 클레망스의 모습은 잔잔한 감동을 주며, 각자 자신이 좋아하는 것을 떠올리게 해 준다.

# 내가
# 좋아하는 게
# 뭐지?

　'좋아한다고 잘 하는 것'은 아니다. 하지만 아이들 자신이 무엇을 좋아하는지, 어떤 것을 잘 할 수 있는지 아는 것은 중요하다. 아이들의 미래 모습을 그려 나가기 위해서는 무궁무진한 가능성을 품고 있는 씨앗처럼 자신 속에 잠재되어 있는 능력을 스스로 알아가는 과정을 제공해 줄 필요가 있다. 아이들이 무엇을 좋아하는지 알고, 잘 할 수 있다면 '더 멋진 나'로 성장할 수 있다.

🍃 **준비물** | A4 용지, 아이클레이 점토, 사인펜, 색연필, 빈 우유곽, 색종이,
가위, 풀, 목공용 본드, 모루, 색종이컵, 아이들 자신의 사진

## 씨앗을 만들어요

클레망스처럼 자신이 좋아하는 것이 무엇인지 써 본다. 그 내용은
사소한 것이어도 좋고, 취미나 특기와 관련된 것이어도 좋다. 각자의
다양한 생각과 흥미를 표현할 수 있게 한다. 때로는 엉뚱하고 웃음을
자아내는 것이 나올 수 있으나 그러한 것도 공유하며 흥미를 이끌어
내어 4가지 정도 생각해 보도록 한다.

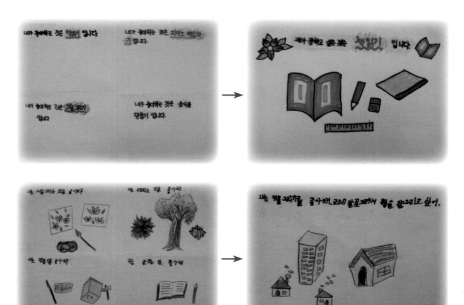

아이들이 좋아하는 것을 살펴보면 다양하다. 그 중 더 잘 하고 싶은 것을 골라 그림과 글로 표현하고 씨앗을 만든다. 자신이 어떻게 가꾸느냐에 따라 다양한 싹과 꽃이 피어남을 알려 준다.

좋아하는 것 적은 종이를 말아 둔다.

말아 둔 종이를 병 안에 넣는다.

병의 겉면을 지점토로 감싼다.

씨앗을 꾸민다.

## 씨앗을 심어요

씨앗에게 해 주고 싶은 말과 어떤 꽃을 피우고 싶은지 생각하고 친구들과 이야기를 나눈다. 이야기를 듣고, 서로 노력하며 아름답게 가꾸어 나가도록 격려한다.

꿈 씨앗에게
안녕? 꿈 씨앗아, 난 너를 만든 ○수야.
넌 내가 좋아하는 것을 잘하게 해 줄 거라고 믿어.
너에게 달린 따뜻한 촛불처럼 따뜻하게 내 소망을
이루게 해 줘.                                    김○수

꿈 씨앗아, 니가 무럭무럭 자
라서 내 꿈이 이루어졌으면
좋겠어. 나도 노력할게.
알겠지?                이○연

꿈 씨앗아, 너의 몸에 잎이 붙어진다면 내 꿈이 무럭
무럭 자라날 거야. 꿈 씨앗을 보면서 자랑스럽고, 또
반성할 수도 있겠지만 내 꿈을 이루는 과정이라고
생각해. 열심히 너를 잎들로 꾸며 줄게.        김○빈

꿈 씨앗아, 나 ○서야.
내가 노력하면 너는 점점
자라게 된단다.
오늘도 내 꿈을 품고 잘 자라렴.
                          손○서

아이들이 자유롭게 잎의 모양을 꾸미도록 한다. 그 잎에 씨앗을 싹
틔우기 위해 내가 해야 할 노력을 생각해 보고 적도록 한다. 정해진
기간이 지나면 친구들에게 자신의 꽃을 소개한다. 어떤 씨앗을 심었
는지, 어떤 노력으로 어떤 잎을 달았는지 발표하고 서로 칭찬하는 시
간을 갖는다. 한 학년 동안 씨앗의 싹을 틔우고 꽃을 피우기 위해 아
이들이 항상 노력할 수 있도록 지도한다.

**교사**

아이들이 좋아하는 것은 다양하다. 횡단보도 흰 선만 밟고 건너기, 곰 인형 껴안고 자기, 모기 물린 자국에 손톱으로 '십(十)' 자 내기 등 황당하면서도 웃음이 나오는 것도 많이 나온다. 이 모든 것을 모아 자신이 정말 잘하고 싶은 것이 무엇인지 진지하게 고민하는 모습, 그리고 만든 씨앗을 소중히 여기고, 나아가 자신도 이처럼 소중한 존재라는 사실을 느껴 가는 아이들이 참 예쁘다는 생각이 들었다. 이 아이들이 진정으로, 자신들이 원하는 모습으로 건강하게 자라나길 바란다.

**학생**

🖋 꿈 씨앗을 만들고 나서 나 자신에게 부족한 점을 알게 되었고, 꿈 씨앗을 자라나게 하기 위해 노력을 많이 해야겠다. 또 나의 꿈이기도 한 이 씨앗을 예쁘게 가꾸어야 될 것 같은 기분이 들었다.

백○경

🖋 내 꿈도 꿈 씨앗처럼 쑥쑥 자라게 해야겠다.     송○경

🖋 꿈 씨앗을 만들고 난 후 조금 허전하다고 생각했다. 나는 이 허전한 만큼 멋진 나를 위해 노력해서 허전한 부분을 잎으로 꾸미고 싶다.

이○연

🖋 꿈 씨앗에 내가 잘하고 싶은 것을 기록했기 때문에 평생 간직할 것이다.

김○린

# 내가 좋아하는 게 뭐지?

## 내가 좋아하는 것

앤서니 브라운 글 · 그림 / 책그릇 / 2009

윌리는 생일파티 가기, 목욕하기, 친구랑 놀기, 잠
자리에서 이야기 듣기 등을 좋아한다. 아이들이 좋
아하는 것을 어른들이 인정하고 존중함으로써 더
성숙한 어른으로 자라나도록 격려해 주는 그림책
이다.

## 똥은 참 대단해!

허은미 글, 김병호 그림 / 웅진주니어 / 2004

우리 주변에는 다양한 똥이 있다. 코알라 똥은 어
린 코알라에게 이유식이 되고, 하마 똥은 물고기
들의 먹이가 되는 등 각자 나름의 역할을 하고 있
다. 이처럼 누구에게나 자신만의 역할과 소중함
이 있다는 것을 알려 준다.

# 너는 특별하단다

맥스 루케이도 글 / 세르지오 마르티네즈 그림 / 고슴도치 / 2004

작은 나무 사람 웸믹들은 서로에게 점표와 별표를 붙이면서 생활하고 있다. 어떤 재주가 있거나 멋진 나무로 만들어졌으면 별표를, 어느 것 하나 실수하거나 부족한 것이 보이면 점표를 붙인다. 항상 점표를 많이 받는 펀치넬로는 집 밖으로 나가는 것을 두려워하게 되고, 시간이 갈수록 자신에 대해 자부심을 잃어 가게 된다. 어느 날 우연히 만난 루시아로부터 엘리 아저씨의 존재를 알게 된다. 펀치넬로는 엘리 아저씨와의 만남을 통해 자신에게 붙여진 점표는 자신의 가치에 의해 떨어질 수도, 붙어 있을 수도 있음을 깨닫는다.

진정한 자신의 가치는 자기 자신에게서 시작된다는 것을 일깨워 준다.

# 소중한
# 나를
# 찾아서

아이들에게 '무엇을 잘하는지, 무엇을 좋아하는지' 물어보면 아이들은 항상 친구들에게 자신에 대해 물어본다. 그리고 친구들이 답해 주는 것을 자신이 잘하고, 좋아한다고 이야기한다. 왜 아이들은 자신이 잘하고 좋아하는 것을 다른 사람에 의해 찾게 되는 것일까? 아마 자신에 대한 이해 부족이 아닐까?

아이들은 '나'를 판단하는 기준을 나의 내부에서 찾는 것이 아니라 다른 사람의 시선에서 바라보는 '나'를 '참다운 나'로 알고 있다. 다른 사람이 바라보는 모습이 아니라 내면의 자신이 어떤 사람인지를 찾아보는 활동은 아이들에게 자신을 좀 더 깊게, 더 자세하게 알게 해 준다. 이를 통해 아이들은 미래 자신의 모습을 확실히 그려 나갈 수 있는 계기가 될 수 있다.

🦋 **준비물** | 스티로폼 공(7cm) 1개, 스티로폼 공(5cm) 1개, 스티로폼 공(3cm) 2개, 이쑤시개 2개, 막대 사탕 2개, 스틱 1개, 유성 매직

## 책을 함께 읽어요

먼저 책 표지에 대한 이야기를 나눈다.

"책 제목은 왜 '너는 특별하단다'일까?"
"내가 특별하다고 생각했던 적은 있을까?"

이런 질문에 대해 다양하게 대답하는 아이들을 볼 수 있다. 하지만 아직 자신이 특별하다고 느끼지 못하는 아이들에게 "이 책을 읽고 나면 왜 네 자신이 특별한지 알게 될 거야."라는 한마디를 던지고 아이들과 함께 책 내용을 살펴본다.

『너는 특별하단다』는 아이들에게 많은 이야기를 나눌 수 있게 해준다.

▶ 다른 웸믹이 주는 별표는 참다운 별표라고 할 수 있을까?
▶ 다른 웸믹이 주는 점표는 정말 내가 잘못해서 받은 점표라고 할 수 있을까?
▶ 점표를 받은 웸믹의 마음은 어떠할까?
▶ 별표를 받은 웸믹의 마음은 어떠할까?
▶ 별표를 붙여 주는 웸믹의 마음은 어떠할까?
▶ 참다운 점표나 별표는 누가 줄 수 있는 것일까?
▶ 나에게 있어 엘리 아저씨와 같은 사람은 누구일까?

이런 이야기들을 나누는 동안 아이들은 학급에서 친구에게 입에 발린 칭찬을 하거나 함부로 대하는 행동이 별표나 점표와 같다는 것을 인지하게 된다. 또한 진정한 평가는 누구도 아닌 자신에 의해 이루어져야 한다는 것을 알게 된다.

## '나'에 대해 이야기 나누어요

자신에 대해 알아보기 위해 간단한 학습지를 작성한다.

❶ '내가 바라본 나'를 작성하도록 한다. 자신에 대해 생각해 보고 내가 잘하는 것과 좋아하는 것 등 자신에게 질문을 던져 보고 작성하도록 한다.

### 나에 대해 알아봅시다

| 질 문 | ❶ 내가 바라본 나 | ❷ 친구가 바라본 나 | | | | |
|---|---|---|---|---|---|---|
| | | ○○ | △△ | □□ | ◇◇ | ☆☆ |
| ★내가 잘하는 것 | | | | | | |
| ★내가 좋아하는 것 | | | | | | |
| ★내가 즐겨하는 것 | | | | | | |
| ★나에게 칭찬하고 싶은 점 | | | | | | |
| ★내가 더 노력해야 할 점 | | | | | | |
| ❸ 활동을 하고 나서 알게 된 나 | | | | | | |

❷ 친구 5명에게 나에 대해 면담하는 활동을 하는데, 먼저 짝지 활동을 실시한다. 서로에게 잘하는 것과 좋아하는 것, 즐겨하는 것, 칭

찬하고 싶은 점과 노력해야 할 점을 이야기 나누도록 한다. 이때 자신이 먼저 작성해 두었던 내용은 짝에게 보여 주지 않고 질문하도록 한다. 짝지와의 활동이 끝나면 모둠 친구들과 함께 다시 이야기를 나누도록 하여 여러 친구들에게 보여지는 자신에 대해 인식할 수 있도록 한다.

모둠 활동이 끝난 후 자신이 꼭 알고 싶은 친구가 있으면 그 친구에게 자신에 대해 알아볼 수 있도록 한다. 그리고 ❸ '내가 바라본 나'와 '친구가 바라본 나'에 대한 내용을 비교하면서 활동을 하고 나서 '새롭게 알게 된 나'에 대해 정리할 수 있도록 한다.

## '소중한 나' 만들어 보아요

스티로폼 공을 활용하여 간단한 인형 만들기로 자신이 생각하고 있는 나를 표현한다. 인형을 만들고, 자신의 지금 기분을 나타내는 얼굴 표정을 그린 뒤 인형을 꾸미도록 한다. 이 인형에게 '소중한 나'라고 이름을 붙인다.

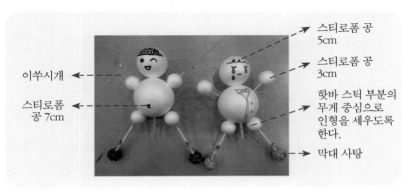

이쑤시개

스티로폼 공 7cm

스티로폼 공 5cm

스티로폼 공 3cm

핫바 스틱 부분의 무게 중심으로 인형을 세우도록 한다.

막대 사탕

## '나'에 대해 발표해요

'소중한 나'를 만들고 손가락으로, 책상 끝으로, 연필 끝으로 다양하게 인형을 세워 봄으로써 어떤 모습의 자신이든 바르게 설 수 있다는 것을 깨닫게 해 주는 활동을 전개한다.

손가락으로 자신을 세워 두고 나는 어떤 일을 잘하고, 어떤 일을 좋아하며, 어떤 점에 칭찬받고, 어떤 점에서 노력해야 하는지 모둠 친구들과 이야기 나누기를 한다.

이 활동을 통해 아직 부족한 자신을 느끼고, 또 내가 더 잘할 수 있는 것에 노력하려는 마음을 가질 수 있다. 무엇보다도 그 어떤 모습이든지 자신이 특별하다는 것을 느낄 수 있도록 하는 것이 중요하다.

아이들이 자신이 생각하고 있던 나를 친구들과 이야기 나누는 시간을 통해 진정한 자기에 대해 좀 더 깊이 생각해 볼 수 있는 기회가 된다.

자신을 나타낼 수 있는 다양하고 창의적인 모습을 표현하도록 지도하여 인형에게 자신과 동일시할 수 있는 의미를 부여한다.

**교사**

자신에 대해 가지는 자존감, 자기애, 자신감 등 여러 가지 감정은 내가 어떤 사람인가를 알아가는 활동에서 비롯될 것이라는 생각이 들었다. 그러기 위해서 '타인에 의한 나'의 형성보다는 내가 나를 바로 세울 수 있어야 가능하며, 나를 알아가는 활동은 무엇보다 중요하다.

내가 무엇을 잘하는지 못하는지, 무엇을 좋아하는지 싫어하는지를 알아야 진정 내가 하고 싶은 일이 무엇인지 찾아갈 수 있으리라. 그런 의미에서 이 활동은 아이들이 스스로에게 많은 별표를 줄 수 있고, 진정한 자신을 찾아 미래의 나를 꿈꿀 수 있는 계기가 된 것 같다.

**학생**

🖊 내가 왜 특별한지를 생각할 수 있었다. 인형을 만드는 게 재미있었고, 세워지는 게 신기했다. 나도 잘 서게 열심히 해야겠다.  황○주

🖊 우리 집에도 『너는 특별하단다』 책이 있는데, 선생님과 같이 읽으니 또 달랐다. 친구에게 내 얘기를 들으니, 내가 많이 새로웠다.

윤○주

🖊 내가 만든 인형이 손가락 끝에 세워지는 게 신기했고, 친구들이 말해 준 나는 한 번도 생각하지 못한 것도 있었다. 나는 소중하니까 잘 가꾸어야겠다.  전○경

# 소중한 나를 찾아서

## 남다른은 남달라

박서진 글, 최해영 그림 / 문공사 / 2013

저학년이 읽기에 쉬운 책으로, 공부는 못하지만 자신만의 남다름에 자부심을 갖고 생활하는 '남다른'의 생활에 대한 이야기이다. 아이들에게 자신에 대한 자부심을 일깨워 준다.

## 네 안의 너를 믿어 봐

장세련 글, 박미경 그림 / 국민출판 / 2011

장애가 있어도 자신이 이루고자 하는 일에 최선을 다하는 이야기로 구성되어 있다. 이 책은, 아직은 할 수 있는 자신의 능력에 대한 믿음을 가질 수 있도록 해 준다.

# 세상에서 제일 잘난 나

김정신 글, 박선미 그림 / 소담주니어 / 2009

자신의 단점을 극복하고 장점을 찾아가며 자신감을 얻게 되는 4명의 아이들 이야기를 담고 있다. 4명 중 한 아이는, 다른 친구들이 나보다 뭐든 더 잘하는 것만 같아 속상하고 부끄러워한다. 또 다른 아이는 '나도 잘할 수 있어.' 하고 다짐을 한다.

책에 등장하는 4명의 아이들의 이야기를 통해 자신감과 즐거운 마음을 얻을 수 있다. 누구나 단점이 있다는 안도감과 스스로 극복해 갈 수 있는 용기를 준다.

# 긍정적인 내가
# 미래의 나를
# 만든다

　"네가 잘하는 것은 뭐니?" 하고 물어보면 아이들이 자신 있
게 대답하지 못하는 경우가 많다. 진정으로 좋아하고 잘하는 것에 대
해 진지하게 생각해 본 경험이 별로 없고, 남에게 자신이 잘하는 것을
내세우는 것을 부끄러워하기 때문이다. 장점을 발견하고 길러 주는
것은 아이의 자존감을 높여 주고, 건강한 자아를 갖게 해 준다.

　사람들은 누구나 장점과 단점을 모두 가지고 있다는 것을 이해시
켜 주고, 스스로 장점을 발견하고 단점은 극복하려는 노력을 할 수 있
도록 함으로써 아이들에게 긍정적인 자아 개념을 형성시켜 주고자
한다.

**준비물** | 도화지, 신문지, 마커 또는 매직

## 자신과 비교해 보아요

　『세상에서 제일 잘난 나』에는 자신감이 부족하여 자신의 장점을 살리지 못하는 아이 4명이 등장한다. 자신감이 부족해 친구에게 먼저 다가가지 못하는 아이, 부끄러워 발표를 하지 못하는 아이, 다른 나라에서 왔다고 놀림을 받는 아이, 겁이 많은 아이 등이 자신감을 가지고 자신의 문제를 멋지게 해결하는 과정이 재미있게 그려져 있다. 책에 등장하는 인물과 자신을 비교하여 자신도 등장인물과 같은 어려움을 겪고 있는지 살펴본다.

| 등장인물 | 내가 겪는 어려움 |
|---|---|
| 민정 | 나도 책에 나오는 민정이처럼 발표를 하고 싶지만 부끄러워 손을 들지 않는다. 선생님이 시키면 어쩔 수 없이 일어나기는 하지만 발표를 하는 것이 부끄럽고 힘들다. 　　　　　　　　　　　　　　　　　　　　　　　　김○산 |
| 용우 | 친구들과 어울려 놀고 싶었지만 거절 당할까 봐 먼저 다가가지 못한 경험이 있다. 하지만 용기를 내어 같이 놀자고 말했더니 친구들이 같이 재밌게 놀아 줘서 기뻤다. 　　　　　　　　　　　　　　　　　　박○진 |

## 나의 단점을 생각해 보아요

　신문지에 자신이 생각하는 자신의 단점 또는 고치고 싶은 점들을 매직이나 마커로 적고, 신문지를 뭉쳐서 공을 만들도록 한다. 다양한 내용을 솔직히 적을 수 있도록 자유로운 분위기를 만들어 주는 것이 좋다.

신문지 공을 모아 교실 가운데에 쌓는다. 쌓은 신문지더미를 기준으로 모두 모여 둥글게 앉아서 자신이 쓴 내용에 대해 이야기를 나눈다. 아이들이 먼저 얘기를 꺼내기 힘들어한다면 교사가 먼저 자신의 이야기를 꺼내는 것도 좋다. 발표하는 분위기보다 자연스럽게 대화를 나눌 수 있도록 하면 서로 소통이 활발해진다. 또한 각자 단점이나 고칠 점을 이야기 하면 누구나 고민거리나 고치고 싶은 것이 있다는 것을 알게 되어 서로에 대해 더 이해할 수 있게 된다.

## 나의 단점을 없애요

아이들 모두 눈을 감도록 한 후 신문지 찢는 소리를 들려준다. 소리를 듣고 어떤 느낌이 드는지 발표해 본다. 쥐가 우는 소리, 불이 나기 전에 심지가 타는 소리, 시원한 바람 소리 등 자신의 느낌을 자유롭게 이야기하도록 한다.

고치고 싶은 점을 없애고 극복하고 싶다는 생각을 하면서 신문지를 찢는다. 가능한 한 잘고 가늘게 찢도록 하며, 찢는 느낌에 집중하도록 한다. 찢고 난 신문지는 함께 모아 자유롭게 던져 보도록 한다. 자유롭게 던지는 활동을 통해 아이들이 자신의 단점을 극복하고자 하는 마음을 가질 수 있다.

## 신문지 놀이 순서

- 앉아서 신문지를 길고 잘게 찢어 본다. (3~5분 정도)
- 일어나서 신문지를 던지면서 찢는다. (5~10분 정도)
  ※ 위 시간은 예시이므로 활동 시간에 따라 변경해도 좋다.

 신문지 대신 시험지나 풍선을 활용하여 활동할 수 있다.

 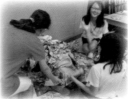 

## 느낌을 나누어요

활동이 끝난 후 교실은 아마 난장판일 것이다. 아이들에게 의자 위에 올라가서 교실을 아래로 내려다보도록 하면서 각자 느낌을 나눈다.

### 신문지 놀이를 하고 나니 어떤 생각과 느낌이 드나요?

- 찢고 던지니까 스트레스가 확 풀리는 것 같아요! 　　　　　　　　김ㅇ석
- 아까 내 단점을 생각하며 없애 버리겠다는 생각으로 찢었거든요. 그런 마음으로 활동했더니 단점을 극복할 수 있을 것 같아요! 　　　김ㅇ수
- 신문지 조각이 엄청 많아요. 이렇게 난장판이 된 교실은 처음 봐요! 이ㅇ서
- 찢고 던지는 활동을 계속하다 보니까 내가 고치고 싶은 점을 고칠 수 있을 것 같아요. 　　　　　　　　　　　　　　　　　　　　강ㅇ호

　자신의 단점을 찢어 없애고 난 뒤 자신이 앞으로 어떻게 행동하면 좋을지 생각해 보도록 한다. 생각이 각자 다르고, 다짐은 개인적인 것이기 때문에 다짐 선언문을 만들 때에는 조용하고 진지한 분위기를 만들어 주는 것이 중요하다.

　자신의 다짐을 상장 용지에 자유롭게 적어서 아이들이 잘 볼 수 있는 곳에 게시하면 앞으로의 실천 의지를 다질 수 있다.

 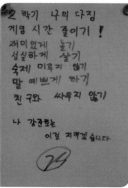 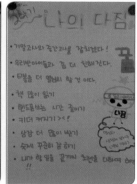

**TIP　엉망이 된 교실 정리하기**

모둠별로 신문지를 많이 모아요

제한 시간 안에 신문지를 가장 많이 모은 모둠이 이기는 활동이다. 신문지를 크게 뭉쳐서 상자나 책상 위에 모으도록 한다.

신문지를 뭉쳐 상자 안에 넣어요

찢은 신문지를 뭉쳐서 공으로 만든다. 신문지 공을 상자 안에 던져 가장 많이 넣은 모둠이 이긴다. 승패를 떠나 함께 정리한다는 마음으로 활동에 임한다.

**교사**

신문지 놀이는 아이들과 함께 해 본 놀이 중 제일 좋아하는 활동이다. 신문을 단순히 찢고 던지기보다는 의미를 담아 보면 어떨까 생각하다가 단점을 적어서 찢으면 단점을 극복하고 스스로 자신감을 가지지 않을까 해서 구상하게 되었다. 어떤 아이는 형제가 셋인데, 둘째라 형과 동생 사이에서 눈치를 많이 보게 되는 게 싫다고 했다. 항상 뭔가를 할 때마다 남이 어떻게 생각하는지 살피고 신경 쓰게 된다는 것이다. 처음 신문지를 찢을 때 살금살금 찢는 것이 조금 답답해 보였다. 찢겨진 신문지가 늘어날수록 자신 있게 찢는 모습을 보고 감동을 받았다. 주변에서 흔히 볼 수 있는 신문지이지만 이를 통해 아이들의 다양한 모습을 파악할 수 있어서 뜻깊은 시간이었다. 이 활동을 통해 아이들이 단점을 극복하고자 하는 마음을 가져서 앞으로의 삶에 도움이 되었으면 좋겠다. 내가 생각하지도 않았던 장점을 친구들이 찾아 주어서 고마웠고, 앞으로 나의 장점을 발전시키기 위해 노력할 것이다.

**학생**

🖌 나는 시험을 치는 것이 항상 부담되고 걱정이었다. 점수가 잘 못 나올까 봐 그랬다. 그래서 시험칠 때 편안하게 했으면 좋겠다고 생각하고 신문지를 찢었는데, 기분이 좋아졌다.                    최O빈

🖌 친구들과 함께 있을 때 내가 하고 싶은 거를 잘 얘기하지 못하고 친구들 하자는 대로 하는 내가 싫다. 나도 내 의견이 있을 때 당당하게 말하고 싶다고. 신문지를 찢으면서 내 소심한 성격도 고쳐지면 좋겠다고 생각했다.                    이O원

# 긍정적인 내가 미래의 나를 만든다

## 단점을 장점으로 바꾸는, 행복한 위인동화

보리별 글, 고현하 그림 / 예림당 / 2006

어렸을 때는 남들에게 인정받지 못한 위인들이 콤플렉스를 극복하고 자신의 장점을 발견하여 능력을 발휘하는 모습을 재미있는 일화와 함께 소개하고 있다. 자신을 긍정적으로 생각하고 끈기 있게 노력한다면 누구든 자신의 꿈을 이룰 수 있다는 것을 보여 준다.

## 땅꼬마 뻐드렁니가 뭐 어때

패티 로벨 글, 데이비드 캐트로 그림 / 문학동네 / 2008

작은 키에 커다란 뻐드렁니, 게다가 목소리까지 이상한 몰리는 자기의 모습에 자신감이 없는 친구들에게 용기를 준다. 자신감을 가지고 행동하면 어디서나 당당하게 보일 수 있다는 작은 진리를 전해 준다.

# 눈꽃나무

원유순 글, 황종욱 그림 / 봄봄 / 2009

　깊은 잠에 빠져야 하는 한겨울에 눈꽃을 보고 싶은 곰과 갇힌 방을 벗어
나 세상에 나아가고 싶은 집누에의 이야기이다. 용감한 집누에는 "고치를
만들기 위해 우리는 태어났다."라고 이야기하는 친구의 말을 거부하며 자신
을 키워 주는 아낙의 소쿠리에 숨어 세상 구경을 하는 데 성공한다.

　온갖 어려움을 겪으면서도 진정한 자아를 찾아가는 한 누에와 눈을 보고
싶은 곰의 이야기가 맞물려 소소한 감동을 전해 준다.

# 나와의
# 만남

　미래의 자신을 만날 수 있다면 아이들은 어떤 이야기를 나누고 싶어할까? 아이들이 미래의 자신에게 전할 수 있는 말들을 책 속에서 찾을 수 있다면 더 의미 있을 것이다.

　책을 읽는 즐거움은 여러 가지가 있는데, 그 중에서도 '오호라!' 하며 마음 속에서 놀라움의 탄성을 지를 수 있게 하는 한 구절은, 아이들이 살아가면서 자신을 향한 격려가 되는 동시에 삶의 방향이 될 수도 있을 것이다.

　미래를 고민하는 아이들은 '자신'에 대해 알기 위해 오랫동안 제자리걸음을 반복한다. 아이들과 함께 책을 읽고 밑줄 독서 토론을 함으로써 한 걸음이더라도 한 발짝 앞으로 디딜 수 있도록 책 속에서 황금 문장을 발견하고 만날 수 있는 기회가 되었으면 좋겠다.

준비물 │『눈꽃나무』책, 형광펜 또는 색깔펜, 공책, 엽서

## 『눈꽃나무』를 다 함께 읽어요

밑줄 독서는 각자가 읽은 느낌이나 생각을 공유하는 것이 중요하기 때문에 아이들 각자가 책을 가지고 같은 시간에 함께 읽는 것이 좋다. 만약 책이 없을 경우에는 복사본으로 준비한다. 책을 함께 읽으면 의외로 읽기 힘들어하는 아이들도 그 내용에 푹 빠져서 읽는 모습을 볼 수 있다. 아이들이 책을 깊이 있게 읽을 수 있도록 충분한 시간을 주어 여유 있게 읽는 것이 좋다.

## 감동받은 부분에 밑줄 긋기 해요

책을 읽으면서 나에게 감동을 준 문장에 밑줄을 긋거나 플래그잇을 활용하여 표시하게 한다. 개인이 준비한 책에는 밑줄을 그어도 좋지만 학교 책이거나 교사가 책을 준비했을 경우에는 플래그잇을 활용하는 것이 좋다.

학생들에게 밑줄 긋거나 플래그잇으로 표시하면서 왜 이 부분이 좋았는지 그 까닭도 생각해 보게 한다.

## 어디에 밑줄을 그으면 좋을까요?

- 아름다운 문장이라 기억해 두고 싶을 때
- 감동을 주는 문장을 만났을 때
- 명언이나 잠언 등을 인용하고 싶을 때
- 전에 알고 있던 것과 다른 새로운 사실을 알게 되었을 때
- 재미있어서 다른 사람에게 알려 주고 싶을 때
- 지은이의 중심 생각이 담긴 문장이라 여겨질 때
- 내가 공감하는 문장이 나왔을 때

감동받은 부분에 밑줄 긋기

## 밑줄 독서 토론해요

함께 책을 읽으며 각자 감동받은 글에 밑줄 긋기를 하고 난 후, 밑줄 그은 부분과 밑줄 그은 이유에 대해 아이들이 서로 이야기 나누도록 한다. 아이들이 부담을 느끼지 않고 편안하게 이야기 할 수 있도록 최대한 받아들이는 분위기를 조성하는 것이 좋다. 밑줄을 긋지 않

은 아이들이나 밑줄을 그었지만 그 이유를 말하지 못하는 아이들도
수용해 주는 것이 필요하다.

**밑줄 독서 토론 활동 방법**

| 문장 옮겨 쓰기 | • 각자 밑줄 그은 문장을 학습장에 옮겨 쓴다.<br>• 옮길 때, 그 문장이 자신에게 와 닿은 이유를 간단히 쓴다.<br>　☞ 이유를 쓰기 힘들어하는 아이들에게는 억지로 시키지 않는 것이 좋고, 밑줄 그은 문장만 옮기도록 한다. |

| 모둠 토론 하기 | • 모둠원과 돌아가며 밑줄 그은 문장과 그 문장을 선택한 이유를 이야기한다.<br>• 밑줄 그은 문장을 말하기 어려워하는 아이들에게는 아래와 같은 예를 들어주고 말하도록 한다.<br>　예 "내가 밑줄 그은 문장은 ~입니다. 밑줄을 긋게 된 이유는 ~였기 때문입니다." |

| 황금 문장 찾기 | • 모둠원과 토론 후 자신이 생각하는 이 책 속의 황금문장을 고르도록 한다.<br>　☞ 친구들이 이야기한 문장도 황금문장이 될 수 있다.<br>• 나의 황금문장을 뽑은 후 '우리 모둠의 황금문장'을 뽑아 본다. |

| 전체 토론 하기 | • 모둠별 황금문장과 그 문장을 정한 이유를 발표한다.<br>• 전체 토론을 통해서 '우리 반의 황금문장'을 뽑는다. |

**밑줄 독서 토론의 효과**

• 쉽기 때문에 누구나 할 수 있다.
• 책을 정독하게 되고, 생각할 거리가 많아진다.
• 토론을 하면서 내 생각과 다른 다양한 생각들을 만나 선생님과 친구들에 대해 더 많이 이해하게 된다.
• 책 읽는 재미를 느끼게 되고, 책 읽고 갈무리하는 습관이 생긴다.

## 미래의 나에게 편지 써 보아요

밑줄 독서 토론을 하고 난 후 친구들과 함께 서로의 생각을 나누고 나의 경험을 이야기하면서 자연스럽게 자기 자신에 대한 생각이 깊어지게 된다.

자기에 대한 생각을 스스로 정리할 수 있도록 〈미래의 나에게 편지 쓰기〉 활동을 하며 마무리한다. 엽서나 편지에 쓴 후 모아 두었다가 학년 말에 부치면, 시간이 지난 후에 자신이 쓴 편지를 받아봄으로써 아이들이 책을 읽었던 감동과 미래의 나에게 했던 이야기 등을 다시 한번 떠올릴 수 있다.

**교사**

　도서관에서 열심히 책 읽는 모습들을 보면 왠지 모르게 뿌듯하고 기분이 좋아진다. 책 읽기를 힘들어하는 아이들도 책에 푹 빠지게 할 수는 없을까 항상 고민이었다. 함께 책 읽고 감동받은 부분에 밑줄 그어 보는 활동을 하면서 책에 빠져드는 모습을 보니, 책 읽는 재미를 일깨워 주는 것이 정말 중요하다고 생각했다. 아이들이 고른 황금문장이 미래의 자신을 만드는 힘이 되었으면 좋겠다.

**학생**

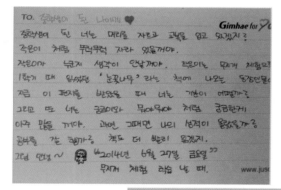

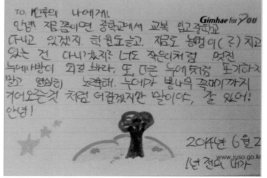

# 나와의 만남

## 꽃들에게 희망을

트리나 폴러스 글·그림 / 시공주니어 / 1999

짓밟거나 짓밟히는 살벌한 현실을 벗어나 자신의 참자아를 발견하는 길을 알려 주는 나비의 이야기이다. 자아를 발견하는 길은 죽음보다 더 고통스러울 수 있지만, 이것을 이겨 내게 하는 힘은 희망과 사랑임을 깨닫게 해 준다.

## 자존감은 나의 힘

양선아 글, 정효정 그림 / 명주 / 2013

아이들에게 스스로를 믿고 존중하며 사랑하는 마음인 '자존감'에 대해 알려 준다. 자존감과 관련된 다양한 지식과 정보가 담겨 있으며, 자신을 사랑하는 사람만이 타인을 사랑할 수 있다는 가르침 역시 그림과 글을 통해서 알 수 있다.

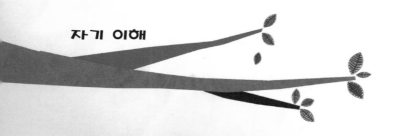

# 뽀스락 왕자

송언 글, 장호 그림 / 별숲 / 2012

　뽀스락 왕자는 궁금한 건 절대 못 참고 친구를 놀려 대는 희한하고 맹랑하며 치사한 녀석이다. 하지만 그렇다고 뽀스락 왕자가 언제나 까불기만 하고 장난꾸러기인 것은 아니다. 같은 반 여학생을 좋아해 부끄러움을 타기도 하며, 배탈이 나 늦으시는 담임 선생님을 마중 나가는 기특한 녀석이기도 하다. 또 친구와 싸워도 금세 잊고 언제 그랬냐는 듯 다시 어울려 논다.

　이 책은 아이들이 뽀스락 왕자처럼 동심이 가득하고, 저마다의 색깔에 맞게 살아가길 바라는 소망을 담고 있다.

# 나는
# 어떤 동화책의
# 주인공이 될까?

저마다의 색깔을 가지고 있으면 누구나 동화 속 주인공이 될 수 있다. 우리 아이들도 자신만의 색깔을 찾을 수 있다면 또 다른 동화책의 주인공이 될 수 있을 것이다.

책 속 주인공인 뽀스락 왕자의 색깔을 찾아보고 자신과 비교해 보는 활동은 스스로를 더욱 깊이 이해할 수 있는 기회가 될 수 있다. 자신만의 색깔을 찾고, 자신과 어울리는 동화책의 표지를 꾸며 보는 활동을 함으로써 상상력을 키우고 자신에 대한 자부심도 갖게 된다.

## 『뽀스락 왕자』 함께 읽어요

『뽀스락 왕자』를 각자 읽는 것도 재미있지만 함께 읽으면서 주인공에게 일어난 일과 비슷한 경험을 서로 나누는 과정이 아이들에게 흥미를 더해 준다. 이 책 속의 주인공이 나와 크게 다르지 않고, 또 주위에서 쉽게 볼 수 있어서 공감하고 자신과 동일시하면서 이야기에 푹 빠져들 수 있다.

이야기 속에서 느껴지는 뽀스락 왕자의 특징적인 모습을 살펴본 후, '번개토론'을 활용하여 뽀스락 왕자에게 어울릴 만한 별명을 돌아가며 말해 보도록 한다.

'번개토론'은 번개 마이크를 가지고 번개처럼 질문하고 번개처럼 답하는 것으로, 짧게 답하며(한 단어 또는 한 문장) 답이 없으면 '통과~!'를 외치게 한다.

| | | |
|---|---|---|
| 궁금이 | 외계인 빤스 형제 | 청소 방해꾼 |
| 장난꾸러기 | 달리기대장 | 어린이 보안관 |
| 마중박사 | 짝사랑쟁이 | 까불이 |

뽀스락 왕자에게 어울릴 별명을 돌아가며 말해 보면서 이야기의 줄거리를 떠올리고, 뽀스락 왕자의 성격을 파악할 수 있도록 한다. 이를 통해 뽀스락 왕자가 어떤 아이인지 생각해 보며 뽀스락 왕자만의 색깔을 찾아볼 수 있도록 한다.

　작가는 책을 통해 자신만의 색깔이 있으면 누구나 동화책의 주인공
이 될 수 있다고 말한다. 책 속 주인공 뽀스락 왕자만의 독특한 색깔을
찾아보며, 주인공이 될 수 있었던 비밀을 찾도록 한다. 먼저, 자신이
생각하는 뽀스락 왕자만의 색깔이 무엇인지 마인드맵으로 정리해 표
현하게 한다.

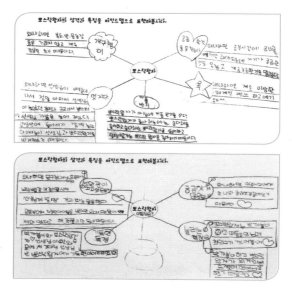

마인드맵을 통해 나타난 뽀스락 왕자의 다양한 색깔 중에서 가장 뽀스락 왕자다운 것을 피라미드 토론으로 뽑는다.

각자의 생각만큼 포스트잇을 나누어 주고, 마인드맵을 참고하여 하나의 포스트잇에 하나의 생각을 쓰도록 한다. 이유는 포스트잇에 쓰지 않고 상대방에게 설명하도록 한다. 생각이 바뀌면 포스트잇의 내용을 언제든지 바꿀 수 있다.

피라미드 토론을 통해 뽀스락 왕자가 동화책의 주인공이 된 독특한 색깔을 친구들과 함께 찾아보는 활동을 하면서 자기 자신과 비교해 보고 깊이 생각해 볼 수 있는 기회를 제공한다.

| 호기심 박사 | 말썽 꾸러기 | 놀리기 대장 | 예의바른 어린이 |

짝과 만나 모아진 8개의 포스트잇 중 4개로 줄이는 데 합의를 한다. 이때 서로의 생각에 대한 이유를 설명하면서 합의할 수 있도록 한다. 짝과 합의가 되면 또 다른 두 사람을 만나 같은 방식으로 합의하여 포스트잇의 수를 4개로 줄여 나간다. 그리고 그 중에서 가장 뽀스락 왕자다운 색깔을 합의를 통해 하나로 선정한다.

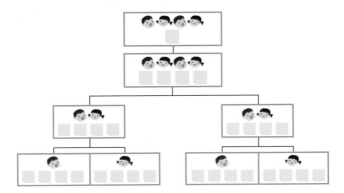

모둠별로 뽀스락 왕자의 색깔 고르기

모둠별로 선택한 뽀스락 왕자의 색깔과 그 색깔을 고르게 된 이유를 구체적으로 발표하며 서로의 생각을 비교해 본다. 합의하는 과정에서 선택되지 못한 색깔도 저마다의 가치가 있으며 존중해야 된다는 것을 알려 준다.

 뽀스락 왕자의 색깔은 말썽꾸러기입니다.
왜냐하면 수업시간에도 질문을 계속하고, 친구를 놀려 대기 때문입니다.

뽀스락 왕자의 색깔은 선생님바라기입니다.
왜냐하면 선생님 마중도 나가고, 선생님과 쿵짝도 맞기 때문입니다.

모둠별로 합의된 색깔 발표하기

"여러분도 뽀스락 왕자처럼 동화책의 주인공이 되고 싶나요?"
"동화책의 주인공이 되려면 무엇을 갖고 있어야 될까요?"
"여러분만의 독특한 색깔은 무엇인가요?

토론을 통해 알아본 뽀스락 왕자의 색깔처럼 자신의 말과 행동, 생활을 되새겨 보면서 마인드맵으로 '나만의 색깔'을 나타내 보도록 한다.

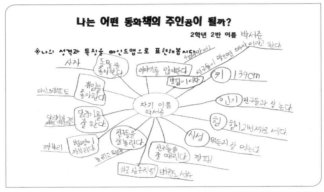

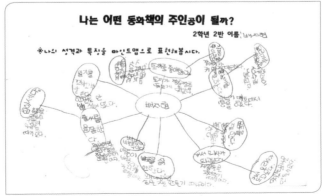

　뽀스락 왕자 외에도 주인공의 성격이나 특징이 두드러지게 나타나는 책들을 소개하여 다양한 주인공과 이야기가 있음을 알도록 한다.

　또 책 표지를 자세히 살펴볼 수 있도록 한다. 책 표지에는 책 제목과 어울리는 그림, 지은이, 출판사 등으로 구성되어 있음을 알도록 한다. 마인드맵으로 나타내어 본 나만의 색깔에 어울릴 동화를 떠올려 보게 한 후, 자신이 주인공인 동화책 표지를 구성하고 꾸미는 활동을 한다.

**교사**

뽀스락 왕자는 우리 교실에 한 명쯤은 있음직한 아이이다. 그런 친숙한 아이가 동화책 속의 주인공이라니…….

책을 함께 읽은 아이들은 쉽게 이야기 속에 빠져들고 공감하며 자신도 동화 속 주인공이 되고 싶어했다. 특히 무엇 하나 빠지는 것 없이 잘했던 한 아이가 "혼나는 ○○"이라고 표지를 표현한 것은 아주 충격적이었다. 하지만 이런 활동을 계기로 그 아이의 숨겨진 면을 이해하고 깊이 알 수 있었던 기회가 되었다.

**학생**

🖋 뽀스락 왕자는 까불지만 착하다. 우리 반 김나○도 까불지만 착하다. 뽀스락 공주라고 해도 되겠다. 　　　　　　　　　　　　강○지

🖋 나도 이제 뽀스락 왕자처럼 동화책의 주인공이다. 나만의 색깔을 더 찾아보고 더 멋지고 재미있는 책의 주인공이 되고 싶다. 　　최○인

🖋 우리 반 친구들이 만든 동화책 표지를 보니, 이제 친구들에게도 뽀스락 왕자처럼 재미있는 별명으로 부르고 싶다. 　　　　　심○서

🖋 나도 동화 속 주인공이 되니 정말 기분이 좋다. 나는 뽀스락 왕자처럼 까부는 주인공이 아니라 멋진 주인공이다. 　　　　　박○준

🖋 나의 독특한 색깔에 맞는 동화책을 생각해 보니 정말 재미있었다. 여러 가지 동화책의 주인공이 되고 싶은데 하나만 골라야 하니 좀 아쉽다. 　　　　　　　　　　　　　　　　　　　김○목

# 나는 어떤 동화책의 주인공이 될까?

## 종이 봉지 공주

로버트 문치 글, 마이클 마첸코 그림 / 비룡소 / 1998

종이 봉지를 뒤집어쓴 공주는 용에게 붙들려 간 왕자를 구한다. 하지만 왕자는 공주에게 공주다운 옷을 입고 다시 구하러 오라고 말한다. 공주는 왕자가 자신의 겉모습만을 사랑했다는 것을 깨닫고 새로운 삶을 살고자 한다. 보이는 것보다 내면의 모습이 더 소중함을 알려 준다.

## 무지개 물고기

마르쿠스 피스터 글 · 그림 / 시공주니어 / 1994

무지개빛 비늘을 갖고 싶어했던 다른 물고기의 부탁을 거절한 무지개 물고기는 혼자가 된다. 친구를 잃고 나서야 더불어 사는 삶의 중요함을 깨닫는다. 모두가 행복해지는 방법은 '나눔'임을 알려 준다.

# 마당을 나온 암탉

황선미 글, 김환영 그림 / 사계절 / 2002

『마당을 나온 암탉』의 인물은 세 종류로 나뉜다. 자신의 운명을 받아들이는 양계장 속의 닭, 마당에서 편안한 자신의 삶을 지키려는 마당 식구들, 반면 자신의 운명을 거부하고 스스로 소망을 가지고 자신의 삶을 개척해 나가는 잎싹. 이들을 통해 우리는 '어떤 삶을 살 것인가?'에 대한 고민을 할 수 있다.

# 어떤
## 삶을
## 살 것인가?

'나는 어떤 삶을 선택할 것인가?'

　세상에는 다양한 삶이 있다. 그리고 어떤 가치관 속에서 어떤 선택을 하느냐에 따라 삶의 방향이 달라진다.

　『마당을 나온 암탉』의 잎싹은 자신의 선택을 통해 다른 암탉들과 달리 스스로 자신의 운명을 개척해 나간다. 잎싹의 삶을 통해 '나는 어떤 삶을 살 것인지' 고민하는 것은 나의 가치관과 내 삶의 방향을 선택하는 데 있어 중요한 계기가 될 수 있다. 다른 사람의 이야기를 듣고 나의 의견을 말하는 과정을 통해 서로의 생각을 수용하고 공감하여, 건강하고 바람직한 자아를 형성하길 바란다.

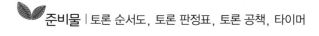

**준비물** | 토론 순서도, 토론 판정표, 토론 공책, 타이머

## 책을 읽고 이야기 나누어요

밑줄 독서를 통해 등장인물의 성격을 파악하고 그 가치관을 파악하도록 한다.

『마당을 나온 암탉』을 읽기 어려워하는 아이에게는 애니메이션으로 제작된 것을 보여 주어도 좋다.

| 등장인물 | 밑줄 독서 | 가치관 |
|---|---|---|
| 잎싹 | "하고 싶은 걸 해야지. 그게 뭔지 네 자신에게 물어봐"(p.172) | 운명에 굴복하지 않는 용기를 가지고 있다. |
| 나그네 | "우리는 다르게 생겨서 서로를 속속들이 이해할 수는 없지만 사랑할 수는 있어. 나는 너를 존경해."(p.81) | 상대를 잘 배려하고 이해심이 깊다. |
| 초록머리 | "엄마는 나랑 다르게 생겼지만, 그렇지만, 엄마 사랑해요."(p.173) | 독립적이고, 자기 정체성을 찾으려 노력한다. |
| 족제비 | "나는 배가 고프면 사냥을 해. 먹을 만한 것이라면 뭐라도."(p.181) | 잔인하고 끈질기지만 모성을 지니고 있다. |
| 수탉 암탉 | "볏을 가진 족속은 웃음거리가 되면 안 돼. 그러니 네 자리로 가."(p.42) | 자신에 대한 자부심이 있으나 인정이 없다. |

> **TIP** 인물의 가치관은 한 문장이 아니라 글 전체의 흐름에서 찾도록 한다.

책을 읽고 나서 아이들이 스스로 토론 거리를 만들어 본다. 그 다음 자신이 가장 하고 싶은 주제를 다수결로 선택한다.

- 잎싹이 족제비를 살려 준 것은 잘 한 일인가?
- 집오리는 자신과 다른 초록머리를 따돌려도 되는가?
- **잎싹이 마당을 나온 일은 잘 한 일인가?**
- 초록머리는 자신을 키워 준 잎싹을 버리고 자신의 무리를 따라가도 되는가?
- 잎싹은 남의 알을 함부로 품어도 되는가?

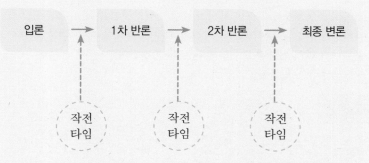

토론 주제 : 잎싹이 마당을 나온 것은 잘 한 일인가?

입론 → 1차 반론 → 2차 반론 → 최종 변론

작전 타임    작전 타임    작전 타임

* '작전 타임'이란 상대의 주장을 꺾기 위한 의견을 모둠원들과 토의하는 시간을 말한다.

## 찬반 토론을 해 보아요

**입론**  토론 주제에 대하여 자신의 생각을 정하고 그 이유를 밝힌다.

### 👍 찬성

입론 : 잎싹이 마당을 나온 것은 잘 한 일이다.

- 늘 같은 일을 하는 것보다 새로운 일을 하는 것이 좋습니다. 이것은 도전이고, 도전이 없는 삶은 재미가 없습니다.
- 죽기 전에 무언가 해 보아야 합니다. 아무것도 하지 않는 인생은 죽은 시체와도 같습니다.

### ✖ 반대

입론 : 잎싹이 마당을 나온 것은 잘못된 일이다.

- 무턱대고 양계장을 나오면 자신의 생명이 위험해질 수 있기 때문입니다.
- 양계장의 닭으로 태어났으니 자신의 임무를 다해야 하기 때문입니다. 만일 자유만 누리게 된다면 모두의 규칙이 깨질 것입니다.

**1차 반론**  상대의 입론을 꺾는다.

**찬성 측**
양계장의 닭이라고 알만 낳으라는 법은 없습니다. 잎싹도 자유를 누릴 권리가 있습니다.

**반대 측**
잎싹의 운명은 양계장에서 알을 낳는 일이므로 그 운명을 따라야 합니다. 운명을 거스른 잎싹은 엄청난 희생과 고통을 치뤘습니다.

**2차 반론** 질문을 통해 상대의 주장을 꺾는다.

**찬성 측**
- '자신의 운명은 자신이 만들어 가는 것'이라고는 생각하지 않습니까?
- 책임도 중요하지만 자신이 선택한 삶에 책임을 지는 것이 더 중요하다고 생각합니다.

**반대 측**
- 책 속에서는 자신의 운명을 만들어 갑니다. 하지만 현실에서는 잎싹이 살아남기 만만치 않습니다.
- 자유도 중요하지만 자신이 선택한 삶에 책임을 지는 것이 더 중요하지 않을까요?

**최종 변론** 토론한 내용을 정리하여 발표한다.

**찬성 측**
잎싹이 마당을 나온 것은 잘 한 일입니다. 먼저, 알만 낳는 반복되는 일보다는 새로운 일을 하는 것이 좋기 때문입니다.
둘째로, 자유를 찾아 나선 것 자체가 훌륭합니다. 원하지 않는 일을 하는 것은 시체와 다름없기 때문에 무엇을 하든 자신이 원하는 것을 하는 것이 좋습니다. 반대 측에서 마당 밖은 위험하다고 하였으나 아무리 위험하더라도 자신의 변화를 느끼고 자신의 삶에 보람을 느끼는 것이 진정한 행복이라고 생각합니다.

**반대 측**
잎싹이 마당을 나온 것에 반대합니다. 잎싹은 양계장의 닭으로 태어난 자신의 임무에 책임을 다해야 합니다. 그러므로 알을 충실히 낳아야 합니다.
그리고 양계장 밖은 너무나도 위험합니다. 그러한 위험으로 인해 잎싹은 결국 죽고 말았습니다. 찬성 측에서는 자유를 누려야 한다고 하였으나 자신의 운명을 받아들이고 최선을 다하며 살아가는 것 또한 행복한 삶이라고 생각합니다.

토론 전 배심원을 구성하여 토론의 승패를 가린다. 토론 과정 중 자신의 생각이나 입장이 바뀐 친구들의 이야기를 듣는 것도 좋은 활동이 될 것이다. "잎싹이 마당을 나온 것은 잘 한 일인가?"라는 토론 주제를 바탕으로 찬반 토론을 하고 난 뒤 자신의 느낌과 소감을 나누어 본다.

## 이렇게 느꼈어요

### 교사

5학년 아이들과 활동한 후 놀랐다. 생각보다 각자의 입장에서 충분한 근거를 들어 찬반 토론을 잘 했기 때문이다. 친구들과 치열하게 잎싹의 삶을 고민하고 토론한 다음, 자신의 현재 상황과 생활을 이야기하며 깊이 고민하는 모습이 대견하고 자랑스러웠다.

### 학생

저는 원래 잎싹이 마당을 나온 것에 찬성했어요. 하지만 친구들의 이야기를 들어보니, 잎싹의 원래 난용종 닭 역할도 중요한 것 같아 생각이 바뀌었어요.                                    김○아

저의 생각과 반대되는 입장에서 주장했는데, 근거 찾는 것이 생각보다 어려웠어요.                                    손○지

저는 원래 잘 떠들고 상대의 말에는 집중하지 않아요. 하지만 토론을 하다 보니까 상대의 말에 집중하게 되었어요. 가끔 이해되지 않는 것도 있었지만, 배운 것이 많아요.                                    서○현

# 어떤 삶을 살 것인가?

## 초록 꼬리

레오 리오니 글 · 그림 / 마루벌 / 2004

가면축제에 대해 알게 된 들쥐들은 자신들만의 가면축제를 열기로 하고 한껏 치장한다. 그러나 축제에 몰입한 나머지 자신들의 모습을 잊고 가면의 모습을 진짜라고 생각하고 살아간다. 그러던 어느 날, 가면을 쓰지 않은 들쥐를 보고 모두 가면을 벗고 자신의 참된 모습에 대하여 생각하게 된다.

## 길거리 가수 새미

찰스 키핑 글 · 그림 / 사계절 / 2005

길거리 가수 새미는 서커스 단장의 눈에 띄어 서커스단에서 노래하는 광대가 되고, 이후 최고의 스타까지 되기도 한다. 그러나 새미는 금세 잊혀지게 되고, 한물간 가수가 되고 만다. 인기 가수였을 때와 길거리 가수일 때의 모습을 통해 진정한 행복을 생각해 보게 한다.

자기 이해

# 내 꿈은 기적

수지 모건스턴 글, 첸 지앙 훙 그림 / 바람의 아이들 / 2010

장래 희망이 뭐냐고 물어보는 어른의 질문에 으레 남들이 생각하는 직업을 심드렁하게 대답하는 것을 시작으로, 아이는 자신이 진정으로 하고 싶은 것에 대해 생각해 본다. 바다를 뒤흔들어 파도들의 멋진 합창을 듣고 싶고, 아픈 사람들을 다 낫게 해 주고 싶고, 죽은 사람들을 다시 살아나게 해 주고 싶고, 전쟁을 모두 막고 싶고……. 아이가 원하는 이 꿈들을 이루기 위해 먼저 책을 읽을 수 있어야 한다는 것으로 끝이 난다.

작가의 따뜻하고 유머러스한 글과 동양화풍의 활달하고 묵직한 그림이 묘한 조화를 이루고 있는 '꿈'에 관한 그림책이다.

# 소원을
# 들어주는
# 팔찌 만들기

아이들에게는 꿈이 있어야 한다. 그 꿈을 가지게끔 만드는 역할은 어른들의 몫이다. 하지만 어른들은 꿈에 대해 이야기할 때 입버릇처럼 안정되고 돈 많이 버는 직업을 가져야 한다고 말한다.

나 역시 은근히 아이들에게 이런 생각을 심어 주지 않았나 걱정스러웠다. 자신의 꿈이 직업에 국한되지 않고, 내가 정말 '바라는 것'이 되면 좋겠다는 생각이 들어 아이들과 함께 〈소원팔찌 만들기〉 활동을 하게 되었다. 소원팔찌를 만들면서 아이들이 정말 하고 싶은 것이 무엇인지 생각해 볼 수 있는 계기가 되었으면 좋겠다.

**준비물** | 오색실(검정, 흰색, 빨강, 노랑, 파랑), 테이프, 가위

## 『내 꿈은 기적』 함께 읽어요

먼저, 『내 꿈은 기적』을 함께 읽는다. 교사가 소리 내어 그림책을 읽어 주는 것이 아이들을 집중시키기에 좋다. 시간이 충분하다면, 장면 장면마다 이야기를 나누면서 책을 읽으면 내용을 이해하기 더욱 쉽다. 또 학생과 교사 간의 충분한 상호작용으로 아이들의 마음 열기에도 도움이 된다. 예를 들어, 그림책의 첫 장면은 다음과 같다

> "이 담에 커서 뭐가 되고 싶니?" 사람들은 이런 걸 너무 많이 물어
> 본다고 아이가 말하는데, 이때 아이의 말투는 무척이나 심드렁해 보
> 인다. 그리고 아이는 되는 대로 "소방관, 경찰관, 재판관, 검찰관"이
> 라고 대답한다.

위 장면을 읽어 준 후, 어른들이 꿈에 대해 물었을 때 어떻게 대답해 왔는지 함께 이야기 나누어 본다. 자신도 주인공처럼 하고 싶은 일들이 많았던 적이 있는지 물어보면 앞으로의 활동을 이끌어 나가는 데 도움이 된다. 이때 '꿈'은 직업에 한정되지 않고, 내가 꼭 하고 싶은 것을 하는 것이라는 생각을 갖게 하는 것이 중요하다.

## 소원을 생각해요

그림책을 함께 읽은 후 각자 앞으로 바라는 것들을 정리해서 자신의 소원을 소원 쪽지에 적어 보도록 한다.

① 내가 바라는 소원(꿈)
② 소원(꿈)을 이루기 위해 노력해야 할 점

위의 두 가지 내용을 고민해 보고 생각을 정리할 수 있도록 한다. 활동하기 전에 소원을 생각하고 진지한 마음을 담아 소원팔찌를 만들면 그 꿈이 이루어질 수 있을 것이라고 설명한다. 그리고 꼭 이뤄지길 바라는 마음을 가지고 소원 쪽지를 쓰자고 이야기하면 진지한 분위기 속에서 활동할 수 있다. 소원 쪽지는 모양 색종이를 상자 접기로 펼쳤다 접었다 할 수 있도록 만들면 게시하기도 예쁘고, 더 소중히 간직할 수 있다. 그 외에 다양한 종이접기 방법으로 쪽지를 만들어도 좋다.

이○송의 소원 쪽지(웹툰 작가)　　　소원 쪽지를 펼쳤을 때　　　소원 쪽지 모음

## 소원팔찌 함께 만들어요

우리나라의 소원팔찌 중 하나인 '장명루'는 단옷날, 아이들이 다치거나 아프지 않고 건강하게 자라기를 기원하며 부모님이 만들어 준 것이라고 한다. 오방색실을 꼬아 만든 것으로, 이 팔찌를 지니면 소원이 이루어진다고 한다. 장명루와 오방색에 관한 이야기를 해 준 후에 앞의 활동에서 생각한 소원을 이룰 수 있도록 팔찌를 만들어 보자고 한다.

# 소원팔찌(장명루) 만드는 법

**1** 다섯 색실을 반으로 접기

**2** 반으로 접은 실을 같은 길이로 자르고 손에 다섯 실을 반듯하게 쥐고 테이프로 단단하게 감기

**3** 책상에 테이프로 단단히 고정시키기

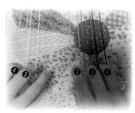

**4** 양 손가락에 고리 걸기

**5** 검지를 반대편 첫 번째 실 통과하기

**6** 검지를 반대편 두 번째 실 통과하기

**7** 세 번째 실 손가락으로 걸어 들고 오기

**8** 실을 가져온 후 옆으로 잡아 당기기(단단하게 당겨야 예쁜 모양이 나옴.)

**9** 손가락을 바꾸어서 다시 반복하기

 **TIP** '장명루 만드는 법'을 검색하면 다양한 영상 자료가 나오므로 참고할 수 있다.

## 마음을 담아 소원 빌기

만들어진 소원팔찌를 각자의 손목에 끼고, 소원 쪽지를 읽어 보고 소원 비는 시간을 갖는다. 교사 자신의 소원을 아이들에게 먼저 이야 기하면 아이들의 집중을 높이고, 좀 더 부드러운 분위기 속에서 시작 할 수 있다. 눈을 감고 꿈을 통해 앞으로 '내가 어떤 삶을 살면 좋을 까?'라는 생각을 가지고 소원을 발표해 보도록 한다. 소원 발표가 끝 난 후 각자의 소원이 이루어질 수 있도록 서로 격려해 준다.

 활동 전에 미리 조용한 노래를 들려주면서 주변을 어둡게 해 주면 아이들이 소원을 얘기할 때 더 진지하고 차분해진다.

## 재미있게 활동했어요

소원 쪽지 쓰기

소원팔찌 만들기

소원팔찌 완성

소원팔찌 팔에 찬 모습

## 교사

아이들과 함께 그림책을 읽으면 나 자신이 생각하지 못했던 점을 아이들이 일깨워 줄 때가 많다. 아이들의 기발한 생각에 무릎을 탁 치게 되는 순간이 종종 있는데,『내 꿈은 기적』이라는 책을 읽어 줄 때도 마찬가지였다. 아이들은 어른들이 자신들에게 바라는 점이 무엇인지 어른인 나보다 더 꿰뚫고 있었다는 점이 놀라웠다. 자신의 직업과 관련된 소원을 쓴 아이가 더 많긴 했지만, 직업보다 앞으로 하고 싶은 일에 대해 쓴 아이들도 제법 보였다. 소원팔찌를 만들고 소원을 빌 때까지 너무나도 진지한 모습에 감동과 보람을 느끼게 된 활동이었다.

## 학생

팔찌를 만들면서 조금 힘들었지만, 예쁘게 만들어져서 뿌듯했다. 내가 바라는 꿈을 생각하며 앞으로 그 꿈이 이루어지면 참 좋겠다.                                                                                         김○수

소원을 들어주는 팔찌라고 들었을 때 신기했다. 나는 좋은 엄마가 되어 애기도 낳고 화목한 가족을 만들고 싶다고 소원을 적었다. 꼭 이루어지도록 해야지!                                                                                 김○인

만들 때 잘 안 돼 힘들었는데 선생님이 도와주셔서 완성했다. 소원 쪽지 적을 때 뭘 해야 할지 고민하다가 적었다. 팔찌를 계속 차고 다녀야겠다.                                                                                     문○수

# 소원을 들어주는 팔찌 만들기

## 자연에서 찾은 우리 색 꽃이 핀다

백지혜 글·그림 / 보림 / 2007

자연에서 찾은 열세 가지 색깔이 시적인 글과 함께 단아하고 섬세한 그림에 담겨 있다. 우리 고유한 색감의 풍성함을 흠뻑 느낄 수 있는 아름다운 색깔 그림책이다. 오방색, 오간색을 비롯하여 색깔에 대한 우리 조상들의 생각과 꽃에 대한 정보도 참고할 수 있어서 옛 조상들이 사용한 색을 아이들에게 가르치는 데 도움이 된다.

## 까마귀의 소원

하이디 홀더 글·그림 / 마루벌 / 1996

까마귀가 덫에 걸린 백조를 구해 주자 백조는 보답으로 별가루가 담긴 상자를 준다. 까마귀는 그 가루를 어려움에 처한 동물들에게 나누어 준다. 집으로 돌아온 까마귀는 작은 알갱이가 남아 있는 것을 보고 자신의 소원을 빈다. 자연 풍경을 섬세하게 그린 그림이 돋보이는 작품이다.

너의 미래를 보여 줘!

# 진로 계획 02

꿈에 날개를 달아 주는 진로독서

# 존 아저씨의 꿈의 목록

존 고다드 글, 이종옥 그림 / 글담어린이 / 2008

존 고다드는 어렸을 때 자신만의 '꿈의 목록' 127개를 적고, 그 꿈들을 이루기 위해 차근차근 노력하면서 나아가 111개의 꿈을 이룬다. 꿈은 500여 개로 늘어났고, 지금은 세계에서 유명한 탐험가가 되었으며, 인류학자·다큐멘터리 제작자로도 명성을 얻고 있다. 존 아저씨의 꿈의 목록이 소개된 책으로, 그 꿈을 생각한 이유와 이루게 된 과정을 보여 준다.

# 나만의
# 꿈 캐릭터
# 만들기

아이들은 다른 무언가가 되는 것을 좋아한다. 자신이 아닌 무언가가 되어 현재 할 수 없는 일들을 상상해 보거나 소꿉놀이처럼 가상으로 역할 놀이를 하기도 한다.

자신을 다른 것과 동일시하면서 마치 그것이 된 양 닮아가고자 노력한다. 마찬가지로 자신의 꿈과 관련된 캐릭터를 만들고, 자신의 캐릭터가 성장할 수 있도록 해야 할 일을 알아보는 활동은 아이들이 삶의 방향을 잡는 데 도움이 될 것이다.

**준비물** | 포트폴리오용 A4 파일, 관련 도서, A4 용지, 색연필, 사인펜, 매직, 도화지(2절지 또는 4절지)

## 나의 꿈 캐릭터를 만들어요

꿈 캐릭터는 자신이 커서 이루고 싶은 것을 글과 그림으로 표현한 것이다. 먼저 각자의 꿈을 생각해 본 후 꿈을 이루기 위해 필요한 능력을 알아본다. 그 꿈과 관련된 캐릭터를 자유롭게 나타내어 본다. 그리고 꿈 캐릭터의 특징을 생각해서 이름을 정하고, 캐릭터가 가져야 할 능력들을 다양하게 표현해 본다.

아이들 각자 만든 꿈 캐릭터에 대해 다른 사람 앞에서 설명해 보는 활동을 한다. 이때, 캐릭터가 꼭 직업과 관련되지

아나운서가 꿈인 아이 꿈 캐릭터 (Super mouth를 줄여 '슈마'라고 이름 붙임.)

않아도 좋다. 꿈 캐릭터를 만들게 된 까닭이 무엇인지 구체적으로 이야기할 수 있도록 한다.

이 활동을 함으로써 캐릭터에 대한 애착과 자부심이 생기고, 다른 사람의 발표를 통해 다양한 직업과 그 직업에 관련된 정보를 알 수 있다. 활동 시간이 충분하지 않다면, 아침 활동 시간 또는 자투리 시간을 활용하여 아이들이 만든 꿈 캐릭터에 대해 발표할 수 있는 시간을 가져도 된다.

### 꿈과 관련된 주제망 만들기

자신이 되고 싶은 꿈과 관련하여 알고 있는 지식이나 생각을 자유롭게 써 나가면서 마인드맵을 만든다.

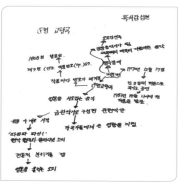

### 책 목록 만들기

도서관 도서 검색, 인터넷 검색 등을 통해 자신의 꿈과 관련된 책 목록을 작성하도록 한다. 도서 관련 사이트를 소개해 주고, 책 제목이나 주제어를 통해 책을 검색하는 방법도 설명해 주면 좋다.

책 읽기

자신이 작성한 목록의 책을 읽도록 안내한다. 책을 읽는 과정 중에 더 생각나는 것이 있다면 책 목록을 언제든지 수정한다. 책 속에서 꿈과 관련된 지식, 정보 등을 얻고 그에 관한 느낀 점과 감상을 포트 폴리오에 담아 나간다. 틈틈이 읽고 포트폴리오를 작성할 수 있도록 하면 스스로 활동하는 데 도움이 된다.

포트폴리오 작성하기

학생들에게 다양한 작성 방법을 안내해 주면 알찬 포트폴리오를 만드는 데 도움이 된다.

책 속에서 기본적인 정보를 찾아 기록하기

책 읽고 느낀 점을 그림과 사진으로 나타내기

독서감상문

작가나 주인공에서 편지 쓰기

"샘"이 내주는 특별한 문제

1. 고려시대 ~ 조선시대 까지 있었던 초등교육 기관은?

2. 초등학교 교사가 되려면 어떤 3가지 능력이 필요한가?

3. 가장 중요한 능력은?

4. 학교의 책임자는?

- 교육실습을 흔히 무엇이라고 부르나?

- 이 캐릭터의 이름은?

읽은 내용을 바탕으로 문제 내기

꿈 캐릭터 보고서 작성하기

자신의 꿈 캐릭터를 발표할 수 있도록 보고서에 쓸 내용을 학습장에 미리 정리해 본다. 꿈 캐릭터 소개, 캐릭터를 만든 동기, 내가 읽은 책과 알게 된 점 등 포트폴리오를 만드는 과정 속에서 생각한 내용을 적어 보게 한다.

정리한 내용을 참고하여 보고서를 작성한다. 발표할 때 사람들이 충분히 볼 수 있도록 2절 또는 4절 크기의 도화지에 적어 보는 것이 좋다. 시간이 충분하지 않다면 A4 용지에 정리하여 실물 화상기로 보여 주며 발표하는 방법도 있다.

| 주제(예시) 학년/반 이름 | |
| --- | --- |
| Ⅰ. 내 캐릭터를<br>   소개해요<br><br>Ⅱ. 캐릭터 선정 이유<br><br>Ⅲ. 캐릭터가 지닌<br>   장점 및 특징<br> 1.<br> 2.<br> 3. | Ⅳ. 앞으로 할 일<br> 1.<br> 2.<br> 3.<br><br>Ⅴ. 더 알고 싶은 점<br> 1.<br> 2.<br><br>Ⅵ. 책 목록<br> 1.<br> 2. |

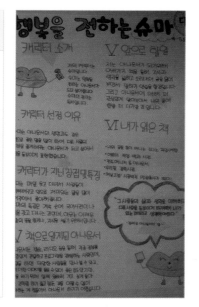

친구들 앞에서 자신이 진행해 온 꿈 캐릭터 보고서를 발표한다. 다른 사람 앞에서 자신의 꿈을 소개한다는 것 자체가 소중한 경험이 될 수 있다고 이야기해 주면 좀 더 집중된 분위기 속에서 활동할 수 있다. 또한 꿈 캐릭터 발표를 통해 자신감을 기르고 꿈을 이루고자 하는 마음도 키울 수 있다. 단순히 보고서를 읽는 것보다 친구들에게 이야기하듯 편안하게 발표하는 것이 좋다.

발표하는 동안 궁금한 점을 질문하고 답하는 시간을 갖는다. 만약 친구의 질문을 답하는 데 어려워한다면, 교사와 함께 답을 찾아 나갈 수 있도록 적절한 피드백을 해 준다. 질의응답을 통해 다양한 의사소통 속에서 정보를 공유하고 명료화하며, 다른 사람의 의견을 수용할 수 있는 태도를 기를 수 있다.

## 재미있게 활동했어요

꿈 캐릭터 프로젝트 발표하기

❶ 나의 꿈 캐릭터를 만든다.

❷ 꿈을 이루기 위한 실천 계획을 세운다.

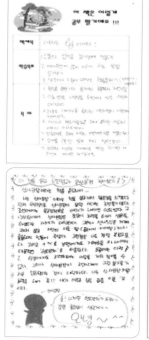

❸ 꿈과 관련된 포트폴리오를 만든다.

❹ 꿈 캐릭터 프로젝트 보고서를 만든다.

### 교사

　평소 책 읽기와 차분히 공부하는 것을 좋아하는 아이가 있었는데, 당연히 '저 아이의 꿈은 인문학 쪽이겠지?' 하고 생각했다. 꿈 캐릭터 프로젝트 활동을 해나가면서 그 아이의 꿈이 지휘자인 걸 알고 의외라고 생각했다. 평소 생활에서 음악에 관심을 갖고 좋아한다는 것을 몰랐기 때문에 더 놀랐던 것 같다.

　활동을 하는 동안 내가 아이들에게서 느끼지 못했던 부분을 발견하게 되어서 놀랍고 즐거웠다. 수업 시간을 통해서 발견하지 못한 아이들의 꿈과 희망에 대해 함께 얘기를 해 봄으로써 나 역시 아이들을 좀 더 이해하는 시간이 되었다. 학생들의 진행 과정을 일일이 챙기고 함께 보완해 나갈 때 조금 힘들었지만, 프로젝트를 마친 후의 뿌듯함은 말로 설명하기 어렵다. 이 활동을 계기로 학생들의 삶에 '꿈'이라는 단어가 좀 더 명확해지길 바란다.

### 학생

🖊 내 꿈은 프로그래머인데, 사실 무엇을 하는지 정확히 잘 몰랐다. 이 프로젝트를 통해 프로그래머가 하는 일이 무엇인지에 대해 알게 되었다.　　　　　　　　　　　　　　　　　　　　　　　김○호

🖊 친구들 앞에서 발표할 때 엄청 긴장했는데, 하고 나니까 뿌듯하다. 앞으로 이 꿈을 이루기 위해 노력해야겠다.　　　　　　　문○소

# 나만의 꿈 캐릭터 만들기

## 꿈틀꿈틀 꿈노트

박영하 · 오정택 · 신용석 · 정영옥 글 / 국일미디어 / 2014

진짜 자기가 하고 싶은 일이 무엇인지에 대해 고민하는 시간과 그 꿈을 아이들 스스로 찾는 법을 안내하며 구체적인 실천 방법을 함께 소개한다. 이 책은 딱딱한 이론 위주가 아닌, 아이들이 좋아하는 활동으로 구성되어 있다.

## 무슨 꿈이든 괜찮아

프르체미스타프 베히터로비츠 글, 마르타 이그네르스카 그림 / 마루벌 / 2014

뱀장어 가족은 에베레스트 산을 오르는 꿈을 꾸고, 해마 사총사는 쿵짝쿵짝 밴드 만드는 꿈을 꾼다. 이 책은 자유로운 상상력과 시적인 유머로 아이와 어른 모두에게 다시 한번 '꿈'을 생각해 보게 하는 그림책이다.

# 내일의 나를 부탁해

송영선 글 / 다산에듀 / 2011

　'무엇을 어떻게 해야 꿈과 목표를 찾을 수 있을까?'에 대한 답을 찾아가는 아이들의 이야기이다. 자신의 꿈을 찾아가기 위해 자기의 잠재된 능력과 적성, 흥미를 알고 무엇을 준비해야 할지 구체적으로 제시하면서 자신 나름의 계획을 세워 실천해야 함을 안내하고 있다. 또한 지금부터 준비해야 할 내용을 실천할 수 있도록 계획표를 제시하고 있어 아이들 스스로 내일의 자신을 위해 노력할 수 있게 해 준다.

# 너의 미래를
# 보여 줘!

아이들에게 꿈을 물으면 '의사', '선생님', '가수', '과학자' 등 막연하게 대답을 한다. 그리고 스스로 의문을 던지거나 그 직업을 갖기 위해 자신이 어떻게 노력해야 하는지 구체적인 정보가 부족한 경우가 허다하다. 아이들은 자신이 갖고자 하는 직업의 종류, 그 직업이 하는 일, 그 직업을 갖기 위해 어떤 노력을 해야 하는지 알 필요가 있다. 아이들에게 미래의 자신을 위해 오늘날 무엇을 준비해야 하는지 알아보게 하고, 명함을 통해 자신의 꿈을 향해 확고한 신념을 가지고 노력할 수 있도록 한다.

## 『내일의 나를 부탁해』 부분 읽기 해요

책 표지 그림을 자세히 살펴보고, 그림 속 나침반과 밝은 소녀의 모습을 통해 『내일의 나를 부탁해』의 의미를 아이들 각자 생각해 보게 한다.

'내일의 나'는 어떤 모습이며, '부탁해'의 의미는 무엇인지 이야기를 나누어 본다. 아이들마다 각자 느끼는 의미를 서로 이야기 나누면서 책 속의 내용에 대해 생각해 보게 한다.

'정혁이의 이야기-〈운동이라면 자신 있어〉' 편을 읽어 준다. 책의 내용을 살펴보면서 아이들과 함께 정혁이가 원하는 것과 어머니가 원하는 것에 대해 각자 자신의 생각을 이야기하도록 한다. 정혁이가 자신의 꿈을 이루기 위해 어떤 일들을 했는지, 정혁이에게 들려주고 싶은 간단한 말 한마디 등 아이들과 다양한 이야기를 나누는 시간을 갖는다.

- 정혁이가 원하는 것은 무엇인가요?
- 어머니가 원하는 것은 무엇인가요?
- 어머니와 정혁이의 다른 생각에 대한 자신의 생각을 말해 봅시다.
- 정혁이는 꿈을 이루기 위해 어떤 노력을 하였나요?
- 정혁이에게 하고 싶은 말 한마디

『내일의 나를 부탁해』의 부분 읽기는 책 속의 내용을 통해 자신들이 가져야 할 꿈에 대한 태도를 간접적으로 인식할 수 있도록 한다.

책 속 인물들이 이루었던 꿈처럼 자신의 내일을 상상해 보도록 안내한다. 20년 후 어떤 직업을 가진 사람이 되어 있을까? 그 직업을 위해 내가 지금 노력해야 하는 것은 무엇이며, 부족한 점을 어떻게 채워야 할지에 대해 이야기를 나누면서 체계적인 계획을 세워 보도록 한다. 구체적으로 생각을 할 수 없는 아이들의 경우를 생각하여 간단하게 자신의 직업에 대해 정리할 수 있는 학습지를 제작하여 작성하도록 한다.

6학년 아동이 작성한
학습지 예

자신의 미래 직업이 하는 일은 무엇인지 알아보고, 그 직업에 필요한 수행 능력과 어떤 준비 과정이 있어야 하는지 모둠원들과 함께 다양한 의견을 나누어 정리한다. 그럼으로써 직업에 대한 이해의 폭을

넓히는 동시에 자기 나름의 준비 계획을 세울 수 있도록 해 준다.

아이들이 직업 세계에 대해 더 깊이 이해한 후 자신의 적성, 흥미, 특기 등을 고려한 직업을 선정할 수 있도록 해야 할 것이다.

## 나의 미래 명함 만들어 보아요

아이들 각자 자신의 미래 직업에 대한 정리된 내용을 바탕으로 '나의 미래 명함 만들기'를 한다.

명함은 A4 색상지를 12등분하여 두 장씩 배분하여 한 장에는 자신의 직함·이름·연락처를 적도록 하고, 또 한 장은 자신의 20년간 약력을 적도록 한다. 20년 후 내가 가지게 될 명함의 의미를 새기고, 어떤 과정을 통해 그 직업을 가지게 되었는지를 표현하기 위해 뒷면에는 20년 동안의 자신의 약력을 기록한다. 또한 다양한 문구나 디자인에 대한 조언을 덧붙여 아이들이 창의적으로 자신의 명함을 표현할 수 있도록 한다.

| A4 색상지 12등분 | 앞면 | 뒷면 |

작성한 두 장을 앞뒤로 붙여 자신의 명함을 완성하도록 한다. 아이들이 오래 간직할 수 있도록 활동이 끝난 후 코팅을 하여 배부한다.

완성된 명함

TIP 명함 만들기 전에 대출증 바코드를 확보하여 오려서 명함에 붙인다. 아이들에게 '나만의 도서 대출증'으로 활용할 수 있도록 하면 더 의미가 있을 것이다.

## 나의 미래 명함 발표해 보아요

완성된 각자의 명함을 모둠원에게 보여 주고, 자신이 어떤 과정을 통해 그 직업을 갖게 되었는지 설명하는 시간을 갖는다.

먼저 모둠을 구성하여 모둠원이 돌아가며 미래의 자기 직업에 대해 자부심을 가지고 소개한다. 모둠 활동이 끝나면 학급에서 '10명 만나기 활동'을 전개한다.

이 활동을 통해 모둠원뿐만 아니라 학급 내 대부분의 친구들과 서로 미래의 자기 모습을 소개하고 이해할 수 있도록 한다.

활동을 마치고 난 후, 학급 게시판을 이용하여 학급 전체의 명함을 전시한다. 2~3일 정도 전시하여 아이들이 충분히 서로의 꿈에 대해 이해하고 격려할 수 있도록 시간을 갖는 것도 의미 있을 것이다.

TIP 학급 전원이 자신의 명함을 오른손에 들고 교실을 다니다 만나게 되는 친구와 악수하고 자신을 소개하는데, 총 10명의 친구를 만나고 오는 활동이다.

**교사**

"선생님, 초등학교 선생님이 되려면 어떻게 해야 해요?"

"선생님, 판사는 어디로 가야 해요? 대학 말이에요."

'이 아이들, 이제껏 무엇이 되어야겠다는 생각은 했는데, 어떻게 해야 그 직업을 가지는지 몰랐구나!'

이 활동을 하면서 느꼈던 가장 큰 충격은 어느 경로로 그 직업을 가질 수 있는지 이해하지 못하는 아이들이 많았다는 것이다. 그냥 "꿈을 가져라."라고 누구나 말하고 있지만, 실제 그 아이들이 꿈을 이루기 위해 구체적으로 어떻게 나아가야 하는지 방향을 제시해 주는 교육을 하지 못했음을 절실히 느꼈다. '명함'과 '약력'이라는 두 단어가 아이들에게 자신의 미래 직업에 대해, 그리고 그 직업을 찾아가는 방향에 대해 새로운 일깨움을 줄 수 있었던 수업이었다. 진로 교육만큼은 '티칭(Teaching)'보다 '코칭(Coaching)'이 되어야겠다.

**학생**

🖌️이 수업을 하기 전까진 내 꿈이 무엇인지 생각도 하지 않았는데, 체험을 하고 나니까 내가 하고 싶은 것을 깨달았다.　　　　윤○빈

🖌️ 이 활동을 하기 전에는 나의 꿈을 어떤 것으로 선택할지 몰랐는데, 명함 만들기를 하고 나니까 내 꿈이 정해진 것 같다.　　　서○능

🖌️이때까지 꿈을 정확하게 정하기 힘들었는데, 여기에 와서 자신의 진로까지 정할 수 있는 시간이 되어서 좋았다.　　　　허○영

# 너의 미래를 보여 줘!

## 국제 무대에서 꿈을 펼치고 싶어요

서지원 · 나혜원 글, 하민석 그림 / 뜨인돌어린이 / 2011

국제적인 직업에 대한 소개와 하는 일에 대해 이해할 수 있게 해 준다. 우리나라뿐만 아니라 국제에서도 활약하고 있는 다양한 분야의 사람들을 소개하고 있다.

## 내 꿈을 키워 주는 씨앗 비타민

김현태 글, 박기종 그림 / 큰나 / 2006

학습만화로 구성되어 있어 아이들의 흥미를 끌 수 있다. 꿈을 이루기 위해 공부만 중요한 것이 아니라 배려와 생활 습관, 절약 등에 대한 생활 전반에 걸친 태도도 중요함을 이야기하고 있다.

# 나는 꿈☆ 같은 거 없는데

김이연 글, 권혁주 그림 / 정글짐북스 / 2012

장 사장과 서 비서는 공장에서 꿈을 만들어 팔기로 하였다. 세상 사람들은 모두들 공장에서 만든 꿈 제품인 '몽키'를 사서 쉽게 꿈을 꾸게 되었다. '몽키'는 날개 돋친 듯 팔려 나갔고, 이제는 아무도 스스로 꿈을 꾸지 않는 세상이 되었다. 사람들은 하나둘씩 꿈꾸는 법을 잊어 갔고, 어느 날 꿈 공장이 문을 닫아 버린다.

꿈꾸는 법을 잊은 사람들에게 벌어진 일들을 솔직하고 담백한 문체로 담고 있다.

# 꿈 가꾸기
# 계약서
# 만들기

다른 사람 앞에서 이야기했던 것은 오랫동안 기억에 남는다. 이는 자신이 정한 목표나 의지를 주위 사람에게 알리게 되면 자신이 한 말에 책임을 느끼게 되어 더 잘 지키게 된다는 '공언 효과(Profess Effect)'이다.

아이들에게 자신이 이루고 싶은 꿈에 대해 혼자 생각을 간직하는 것보다 다른 사람 앞에서 이야기할 기회를 제공함으로써 책임감 있는 꿈 가꾸기가 되도록 한다.

**준비물** | 도화지, 사인펜, 꿈 가꾸기 계약서

## 나의 장점을 알아보아요

이 활동은 서로에 대한 레포 형성이 되어 있을 때 하면 친구 사이를 돈독하게 만드는 데 도움이 된다.

### 칭찬 망토 만들기

- 아이들의 등에 A4 크기의 도화지를 테이프로 고정시켜 망토처럼 붙일 수 있도록 한다. 모둠별로 테이프와 도화지를 나누어 주고, 서로가 서로의 등에 도화지를 붙이면 더 즐겁게 활동할 수 있다.
- 친구의 망토에 그 친구의 장점을 적는다. 미리 장점만을 적어야 한다는 것을 이야기해 주면 활동할 때 장난으로 끝나지 않는다.
- 활동 중에는 자신의 등을 볼 수 없고, 시간은 25~30분 정도 주면 충분히 활동을 할 수 있다.
- 활동이 끝나면 자신의 칭찬 망토를 확인한다.

친구들의 등에 각자의 장점을 적는 장면

## 나의 꿈을 정리해요

친구들이 적어 준 장점을 바탕으로, 앞으로 '하고 싶은 것'에 대해 진지하게 고민해 보도록 한다. 각자가 생각한 내용을 바탕으로 스스로 어떤 직업을 가질 것인지 구체적으로 고민해 보는 것이 좋다. 생각한 내용을 학습장이나 학습지에 자유롭게 정리하면 앞으로 활동에 도움이 된다.

**교사의 발문** / 나의 꿈을 구체적으로 정해요!

- 구체적인 목표를 정하면 여러분이 앞으로 해야 할 일을 정하는 데 도움이 됩니다. 내가 되고 싶은 꿈을 이루었을 때, 그 최고점에 대해 생각해 보아야 합니다. 예를 들어, 배구 선수가 되고 싶은 ㅇㅇ이 같은 경우 '우리나라 최고의 배구 선수가 되어 국가대표로 올림픽에 나가는 것'이라고 구체적으로 꿈에 대해 고민해 보는 것이 좋겠지요? 다른 친구들도 함께 자기 꿈의 최고점에 대해 생각해 보세요. 이루고 싶은 것이 직업에 그치지 않고 더 나아가 자신의 최고 순간을 학습장에 써 보세요. 자신이 이루기를 바라는 목표를 먼저 정하는 것이 중요합니다.
- 목표를 이루기 위해 아무것도 하지 않으면 그 꿈을 이룰 수 없습니다. 꿈을 이루기 위해 어떻게 해야 할지 생각해 보고 자신이 할 수 있는 노력할 점, 예를 들어 배구 선수가 되기 위해 '서브 연습과 토스 연습을 하루에 100번씩 하겠다, 체력을 단련하기 위해 달리기를 하겠다.'와 같이 구체적으로 적어 보세요.

## 꿈 가꾸기 계약서를 써요

학습장에 정리한 내용을 바탕으로 꿈 가꾸기 계약서를 쓴다. 계약서는 아래 표에 나와 있는 내용이 들어가게 된다.

- 자신의 꿈과 관련된 별칭
- 자신의 꿈과 목표
- 계약서의 증인이 될 친구 3명
- 목표를 이루기 위해 노력해야 할 점

자신이 정한 목표나 의지를 주위 사람에게 알리게 되면 말에 책임을 느끼게 되어 자신의 목표나 의지를 더 잘 지키게 된다. 이 공언 효과에 근거하여 증인이 될 친구들을 정하고, 그 친구들에게 계약서를 확인 받도록 한다. 또, 꿈을 가꾸기 위해 구체적으로 실천할 수 있는 내용을 적어 봄으로써 앞으로 이루어 갈 목표에 다가가게 해 준다.

**TIP** 꿈 가꾸기 계약서를 상장 용지에 인쇄해 나누어 주면 오랫동안 간직하기에 좋다.

## 꿈 가꾸기 계약서를 발표해요

계약서를 모두 쓰고 난 뒤에는 친구들이 증인이 되어 서로 계약서에 확인을 주고 받는다. 확인할 때에는 각자 서명을 받고, 서로의 꿈에 대해 이야기를 나눌 시간을 충분히 주는 것이 좋다. 확인이 모두 끝나면 계약서 발표할 준비를 한다.

계약서를 발표할 때에는 교사의 역할이 중요하다. 교사는 아이들이 진지하게 계약서를 읽을 수 있는 분위기를 마련해야 한다. 다른 사람 앞에서 계약서를 읽음으로써 자신의 말에 책임을 느껴 그 꿈을 이루기 위해 더 노력하게 될 것임을 미리 설명한다. 계약서를 읽고 난 후, 꿈을 이루었다는 생각을 가질 수 있도록 친구들이 나와서 발표한 친구를 응원하고 독려하면 좀 더 알차고 유익하게 진행할 수 있다.

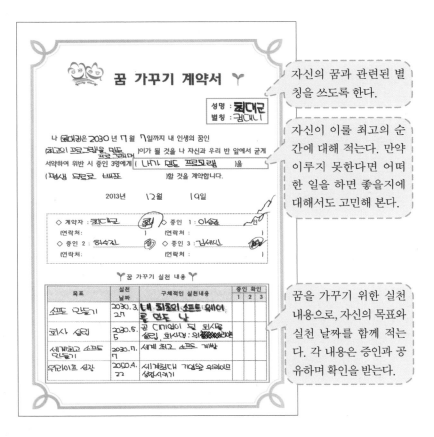

자신의 꿈과 관련된 별칭을 쓰도록 한다.

자신이 이룰 최고의 순간에 대해 적는다. 만약 이루지 못한다면 어떠한 일을 하면 좋을지에 대해서도 고민해 본다.

꿈을 가꾸기 위한 실천 내용으로, 자신의 목표와 실천 날짜를 함께 적는다. 각 내용은 증인과 공유하며 확인을 받는다.

## 꿈 가꾸기 계약서를 발표할 때 유의할 점

- 발표 자리를 확보해야 한다. 공간의 제약이 없다면 모든 아이들이 일어나 발표하는 친구들을 응원해도 좋다.
- 계약서를 작성할 때부터 '꿈'을 향한 한걸음이 될 것이라 강조하며 진지한 분위기 속에서 활동할 수 있도록 안내하고, 교사 자신도 진지한 태도를 유지하는 것이 중요하다.

# 꿈 가꾸기 계약서 발표할 때의 역할

## 교사

- 꿈을 이룬 학생이 발표한다고 생각하며 밝은 목소리로 학생을 소개한다.
- 발표가 끝난 학생에게 격려의 포옹과 악수를 해 준다.
- 친구를 격려하는 데 쑥스러워하는 아이들에게 먼저 다가가 포옹하고 악수하는 모습을 보여 준다.
- 마이크, 음향, PPT 등 다양한 소품을 활용하여 실감나는 분위기를 조성한다.

## 학생

- 발표할 수 있도록 분위기를 조성한다. 실제로 꿈을 이루었다는 성취감 속에서 발표를 한다.
- 실제 꿈을 이룬 학생이라고 생각하고, 나머지 학생들은 주변을 둘러싸고 발표한 친구에게 악수나 가벼운 포옹을 해 준다.
- "꿈을 이룬 친구야, 참 대단하다! 멋있다!" 등의 말로 서로 격려하고 칭찬한다.

자기 장점 알기

꿈 가꾸기 계약서 쓰기

꿈 가꾸기 계약서 발표하기 　　　　　　친구들과 악수하기

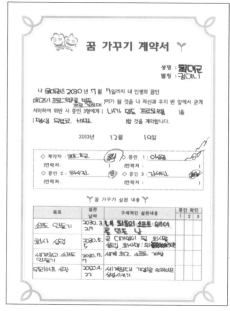

최고의 프로그램을 개발하는 프로그래머가
되고 싶은 최○군 학생

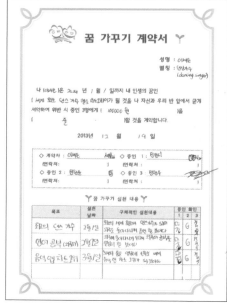

최고의 댄스 가수가 되어 음악 차트1위에
올라가고 싶다는 이○은 학생

**교사**

아이들과 칭찬 망토 만들기 활동을 할 때 나도 함께 참여해서 더 즐거웠다. 나와 아이들 모두에게 서로의 추억이 생긴 소중한 시간이었다. 학기말에 활용하면 아이들에게 서로에 대해 친밀함을 느끼는 데 도움이 될 것이다.

활동을 준비하면서 아이들이 자신의 꿈을 진지하게 계약서로 쓰고 친구들 앞에서 발표할 수 있을지에 대해 교사로서 의구심이 들었다. 막상 활동이 진행되면서 아이들의 눈빛이 반짝반짝 빛난다는 것을 알게 되었다. 아이들이 생각한 스스로의 꿈에 대해 다른 아이들 앞에서 발표하는 것을 쑥스러워하면서도 자기 발표 차례를 기다리고 있는 아이들의 모습을 볼 수 있었다.

'꿈 가꾸기 계약서' 안의 내용처럼 아이들이 그 꿈을 이룰 수 있도록 노력하고, 자신이 지은 별칭처럼 꿈을 이루면 좋겠다.

**학생**

✎ 꿈에 대해 깊이 생각해 본 적이 없었는데, 계약서를 쓰면서 나의 꿈에 대해 진지하게 생각하는 계기가 된 것 같다.　　　이○영

✎ 발표할 때에는 너무 부끄러웠는데, 막상 발표를 하니 내 꿈을 이루기 위해 노력해야겠다는 마음이 들었다. 친구들 앞에서 얘기한 만큼 꿈을 이루기 위해 노력해야 되겠다.　　　김○호

# 꿈 가꾸기 계약서 만들기

## 레오의 특별한 꿈

정소현 글 · 그림 / 노란상상 / 2013

꿈마을 사람들에게는 각자의 꿈이 달린 '델'이 머리에 달려 있다. 그러나 레오에게만은 '델'이 없었고, 소외감을 견디지 못한 레오는 자신만의 특별한 '델'을 찾아 나선다. 진정 자신이 원하는 꿈이 무엇인지에 대해 고민할 수 있는 기회를 제공한다.

## 꿈을 찾아 한 걸음씩

이미애 글 / 푸른책들 / 2009

자신의 꿈을 향해 걸음을 내딛는 열세 살 두본이의 이야기이다. 진실된 꿈보다는 직업적으로 거창하고 화려한 꿈을 이야기하는 어른들의 모습을 비판하고, 자신의 꿈을 소중히 가꾸어 나가야 한다는 메시지를 전한다.

알아맞혀 봐! 뭐가 되고 싶은지

# 진로 탐색 03

꿈에 날개를 달아 주는 진로독서

## 도대체 넌 뭐가 될 거니?

황선미 글, 선현경 그림 / 비룡소 / 2009

초등학교에 입학한 다정이는 다 아는 걸 배워야 해서 학교 공부가 시시하다. 받아쓰기를 못하는 짝도 못마땅하고, 심지어 똥을 싸는 친구들은 더욱 싫다. 그래서 학교를 끊고 싶어한다. 그런 다정이에게 엄마도, 선생님도 말씀하신다.

"도대체 넌 뭐가 될 거니?"

자신의 꿈을 표현해 오라는 선생님의 특별한 숙제를 통해 서로의 꿈을 살펴보고 이해하면서 우정을 알게 되고, 나와 다른 남을 존중하는 마음을 배우게 된다.

# 알아맞혀 봐! 뭐가 되고 싶은지

　"공주병이야, 공주병!" 분홍 드레스를 입고 구슬 달린 금색 머리띠를 한 다정이에게 친구들이 외치는 말이다. 망토를 걸친 아이에게는 "배트맨? 슈퍼맨?", 악보에 줄을 달아서 목에 건 아이에게는 "음악을 좋아하나?", 축구공이 든 그물주머니를 멘 아이에게는 "축구 선수!"라며 서로의 꿈을 맞혀 본다.

　책 속 다정이네 반 아이들의 꿈처럼 우리 아이들도 서로 어떤 꿈을 가졌는지 맞혀 보며 친구의 꿈이 무엇인지 관심을 갖는다.

　꿈을 표현하기 위해 준비하는 과정에서 자신이 원하는 직업에 대한 이해를 깊게 할 수 있을 것이다. 또한 친구의 꿈을 알아맞혀 보는 활동을 통해 다양한 직업이 있음을 알고 다른 직업을 탐색할 수 있는 기회를 제공한다.

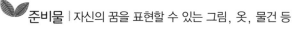
## 책을 함께 읽어요

> "다정이가 학교에 오기 싫었던 이유는 뭘까?"
> "선생님은 어떤 숙제를 내주셨을까? 왜 그런 숙제를 내주셨을까?"

책 속 이야기를 함께 나누면서 꿈을 표현하고 서로 알아맞혀 보는 활동이 서로를 이해하게 하며, 학교에 오기 싫어하던 다정이도 학교에 가고 싶도록 만들게 되었다는 사실을 알게 한다. 이를 통해 자신이 되고 싶은 것은 무엇인지, 또 자신의 꿈을 표현하기 위해서는 무엇을 준비해야 할지 깊이 생각해 보는 시간을 갖도록 한다.

## '꿈' 표현하는 방법 알아보아요

자신의 꿈을 표현하는 방법은 『도대체 넌 뭐가 될 거니?』에 제시된 내용과 동일하게 준비하도록 한다. 35쪽에 제시된 '특별한 숙제'를 함께 살펴보고, 꿈을 표현하는 방법을 알아본다.

첫째, 자기 소원(장래 희망)이 무엇인지 그림, 옷, 물건 등을 사용해 표시 내고 오기
둘째, 자신의 꿈을 말이 아닌 표시와 행동으로 표현하고 서로 알아맞히기
셋째, 부모님의 도움을 받지 말고 자신의 생각으로 표현해 오기

꿈을 표현함에 있어 가지고 싶은 직업에 한정짓지 말고, 되고 싶거나 하고 싶은 일 등으로 확장하여 생각할 수 있도록 한다.

표현하는 방법이나 준비물 등을 스스로 생각하고 준비하도록 하여 자신에 대해 깊이 생각해 보고 창의적으로 표현하도록 한다.

## 꿈 표현하고 알아맞혀 보아요

꿈을 표현할 아이가 준비한 물건을 가지고 앞으로 나온다. 그러면 친구들이 책의 제목과 동일하게 "도대체 넌 뭐가 될 거니?" 하고 외친다. 표현할 사람은 준비해 온 물건과 행동으로만 자신의 꿈을 표현한다. 그 표현하는 모습을 보고 친구의 꿈이 무엇인지 알아맞혀 본다.

이 활동을 통해 직업을 알아맞히는 재미를 느낄 수 있고, 친구의 꿈에 대해 더 많은 관심을 가지고 이해할 수 있다.

과학자가 꿈인 최○혁

경찰관이 꿈인 서○준

호텔리어가 꿈인 안○빈

## 느낀 점을 나누어요

꿈 표현을 위해 준비하는 과정에서의 느낀 점과 친구들 앞에서 나타내 본 소감을 발표한다. 서로의 꿈을 알아보며 느낀 점을 나누어 본다.

## 이렇게 느꼈어요

### 교사

자신의 꿈을 표현해 보는 과제를 받은 아이들의 얼굴이 상기되었다. 당일 아침, 책 속 등장인물들처럼 들뜬 모습의 아이들은 빨리 하자고 성화였다. 활동을 하면서도 그 어느 때보다 진지한 자세로 임하였다. 그 중 화려하고 주목받는 꿈을 표현하는 친구들과는 달리 쓰레받기와 집게를 가져온 아이의 소박한 꿈이 인상 깊었다. 꿈을 진지하게 표현하는 모습에서 아이들 미래의 모습을 그려 볼 수 있었다.

### 학생

여러 옷가게를 둘러본 다음 드디어 내가 찾는 의상을 찾았다. 내일 꼭 입고 가서 내 꿈을 잘 표현해야지!　　　　　　　　　안○빈

오늘 내 용돈으로 농구공을 샀다. 농구공을 왜 샀는지는 알려 줄 수 없다. 그 대신 힌트를 줄 것이다.　　　　　　　　　박○성

# 알아맞혀 봐! 뭐가 되고 싶은지

## 너는 커서 뭐가 될래?

오와키 다카시 글, 문영은 역 / 소란 / 2013

일본의 유명 사진작가가 3년간 세계를 돌아다니며 아이들의 꿈을 물어보고, 그 꿈을 모은 책이다. 일상에 지친 어른들과 아직도 꿈이 없다고 망설이고 있는 청소년들이 좀 더 넓은 시야로 가장 자기답게 행복한 미래를 꿈꾸기를 바라는 마음이 담뿍 담겼다.

## 왜 자꾸 물을까? 꿈이 뭐냐고

세사람 글, 홍나영 그림 / 파란정원 / 2013

'꿈을 왜 가져야 할까?'라는 아이의 의문을 꿈꾸는 거북을 통해 쉽게 설명하고, 아이 스스로 좋아하는 일·하고 싶은 일·잘 할 수 있는 일을 꿈으로 찾아 구체적으로 현실화하는 방법을 알려 준다.

# 내가 만든 옷 어때?

곰곰 글, 선현경 그림 / 사계절 / 2012

주인공은 여덟 딸의 옷을 만들어 입히셨던 어머니의 영향으로 패션 디자이너가 된다. 디자이너로서의 삶은 즐거우면서도 힘들다. 머릿속의 물감판을 열어 새로운 빛깔을 그려 내기도 하고, 발이 붓도록 돌아다니며 관찰을 하기도 한다. 패션 디자이너라는 직업의 세계를 자세하고 재미있게 표현하여 아이들의 호기심을 채워 준다.

# 도전!
# 디자이너
# 되어 보기

　21세기는 디자인의 시대라고 말할 정도로 사물에서 디자인이 차지하는 비중이 점점 높아지고 있다. 숟가락 무늬부터 건축물까지 디자인이 미치지 않는 부분이 없을 정도로 그 범위가 넓고, 디자이너가 되고 싶어하는 아이들도 늘어나고 있다. 아이들에게 자신만의 상상력, 창의력이 담긴 디자인을 해 봄으로써 꼬마 디자이너가 되어 보는 경험을 갖는 기회를 주고자 한다.

**준비물** | 도화지, 유성 매직, 네임펜, 색연필, 무지 에코백

## 디자이너에 대해 알아보아요

『내가 만든 옷 어때?』를 읽고 디자이너에 관련된 이야기를 나눈다.

| 교사 학생 | 패션 디자이너는 어떤 일을 하나요?<br>↳ 옷을 예쁘게 꾸미고 새로운 옷을 만들어요. |
|---|---|

| 교사 학생 | 옷을 만들기까지 어떤 과정들이 있었나요?<br>↳ 주제 정하기, 계획 세워 디자인 하기, 옷감 파는 시장 둘러보기, 동료들의 의견 물어보기, 샘플 만들기, 진짜 옷 만들기 등의 과정을 거쳐요. |
|---|---|

| 교사 학생 | 디자이너의 종류에는 어떤 것이 있을까요?<br>↳ 가방 디자이너, 모자 디자이너, 신발 디자이너, 장신구 디자이너 등 다양한 디자이너들이 있어요. |
|---|---|

## 디자인을 계획해요

디자인은 아름다운 겉모양만을 말하는 것이 아니라 쓰임새와 주변 환경까지 모두 포함하는 폭넓은 의미임을 강조한다. 상상력을 더하여 발명으로 발전할 수 있도록 아이들의 생각과 아이디어를 수용한다.

> 저희 집 고양이 메롱이에요. 제가 가장 좋아하는 모습을 그려 볼 거예요.

> 저는 천체 우주과학자가 되고 싶어요. 제 가방 안에 우주와 관련된 책을 넣고 싶어요.

**TIP** 에코백을 연필로 스케치 하고 나면 지우기가 쉽지 않으므로 계획 단계에서 완성된 모양을 미리 생각할 수 있도록 한다.

　자신이 구상한 디자인을 쓰임새와 아름다움 등을 생각하여 직접 표현한다. 가방을 완성하면 친구들과 함께 자신의 디자인을 이야기 할 수 있도록 한다.

> **TIP** 계획한 디자인과 다르게 그리고 싶다는 아이가 있을 수 있다. 이때 아이들의 의견을 존중하고, 끝까지 최선을 다해 가방을 디자인 할 수 있도록 격려한다.

### 물고기 박사 ○만

저는 물고기가 좋아요. 그래서 해양 수산청에 들어가서 물고기를 연구하고 싶어요. 이 가방 안에 물고기와 관련된 걸 가지고 다닐 거예요.

디자인 의도

도안

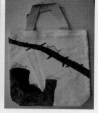

완성된 가방

**교사** : 이 물고기 이름이 뭐야? 특이하게 생겼다.

**○만** : '비파'라는 물고긴데, 청소부 물고기예요.

**교사** : 어떻게 청소를 해?

**○만** : 더러운 찌꺼기들을 먹어치우거든요. 그런데 똥을 많이 싸서 어항에 키우면 어항 바닥에 똥이 한가득이에요.

**교사** : 배경에 보니까 바위랑 나무조각이 보이네?

**○만** : 비파는 바위가 있는 곳에서 볼 수 있어요. 그리고 바닥 안 나뭇가지에 잘 기대어 있어요. 그런데 비파에게는 또 다른 별명도 있어요. 제가 붙인 건데요, '중재자'예요.

**교사** : 왜?

**○만** : 저희 집 어항에 시냇가 물고기랑 청소부 물고기가 있는데요, 둘이서 싸우면 비파가 가운데 끼어서 말려요.

**교사** : 재미있는 물고기네. 그런데 시냇가 물고기랑 다른 청소부 물고기 이름은 뭐야?

**○만** : '피라미'랑 '코리도라스'라는 물고기예요.

# 디자인 뽐내요

완성된 가방

도안

### 도형을 좋아하는 ㅇ준

저는 수학을 좋아해요. 특히 도형을 좋아해서 도형을 이용한 도형 세계를 만들었어요.

디자인 의도

### 태권도를 잘하는 ㅇ서

저는 태권도를 열심히 해서 올림픽에 나가고 싶어요. 그래서 도복에 있는 태극기를 그렸어요.

디자인 의도

도안

완성된 가방

완성된 가방

도안

### 자연을 사랑하는 ㅇ빈

지난 주말에 섬진강으로 여행을 갔어요. 밤에 별이 많았는데, 우리 동네에서는 별을 못 봐서 아쉬워요. 그래서 그때 봤던 별을 그렸어요.

디자인 의도

좋아하는 책의 주인공 얼굴을 담은 독서 부채 　　　내가 좋아하는 캐릭터를 담은 캐릭터 부채

아름다운 우리 집 저금통 　　　　　　　　메롱이가 기다리는 집 저금통

한 땀 한 땀 직접 만드는 열쇠고리 　　　　　　완성된 열쇠고리

**교사**

   평소 학습 활동에서 아무런 의욕을 보이지 않던 몇몇의 아이들이 가방을 디자인 하는 활동에 푹 빠져 있는 모습을 보고 뿌듯함을 느낄 수 있었다. 자신이 만든 가방이 친구들로부터 처음으로 인정과 칭찬받는 모습을 보고 '저 아이도 자신감을 가질 수 있겠다.'는 안도감을 느꼈다. 가방 만들기에 앞서 별다른 이야기를 하지 않았지만, 많은 아이들은 각자의 꿈을 가방에 담는 듯하였다. 디자인 활동을 통해 아이들이 자신의 빛깔을 담아 아름답게 펼치길 바란다.

**학생**

🖊 디자인을 하고 나니 내가 진짜 디자이너가 된 것 같다. 그리고 뿌듯했다.
이ㅇ희

🖊 오늘 가방을 만들었는데 조금 아쉽기도 했고, 내 그림이 멋지다는 생각도 들었다. 다른 친구들과 비교될까 봐 조마조마했는데, 그런 비교는 되지 않았다. 오늘 아주 좋은 경험을 해서 기분이 참 좋았다.
조ㅇ채

🖊 '가방 만들기'를 통해서 디자이너들은 매일 이 디자인을 하니 힘들겠다는 생각을 했다. 하나를 하면 즐겁지만 하루에 몇 개씩 하면 힘들 것 같아서이다. 힘내세요!
마ㅇ환

🖊 디자이너들이 힘들다는 것을 알았지만 너무 힘들고 많은 시간이 필요했다. 색을 칠하고 입히는 것이 어려웠다. 디자이너들이 열심히 만든 옷이 더욱 소중하게 느껴졌다.
유ㅇ형

# 도전! 디자이너 되어 보기

## 궁금해요! 디자이너가 사는 세상

이나미 · 김수현 · 한솔이 지음 / 창비 / 2010

학생들이 직접 각 분야의 디자이너를 찾아가 궁금한 것을 묻고 인터뷰한 내용을 담은 책이다. 어른들의 시각이 아닌 아이들의 시각에서 바라본 디자이너의 삶과 가치를 알려 주어 학생들에게 더 큰 공감을 얻을 수 있다.

## 꿈을 입히는 패션 디자이너

유다정 글, 정혜선 그림 / 주니어RHK / 2009

조각보 디자인 사무실에 첫 출근한 4명의 디자이너들이 성공적인 패션쇼를 개최하기 위해 노력하는 과정을 담고 있다. 옷 한 벌이 완성되기까지의 세세하면서 다양한 과정을 담고 있어 패션 디자이너의 세계를 엿보게 해 준다.

# 뮤지컬 배우가 될 테야

이유미 글, 이영훈 그림 / 여원미디어 / 2011

　최고의 뮤지컬 배우가 되겠다는 꿈을 꾸는 주인공 '한무대'가 뮤지컬 배우가 되는 과정을 통해 그 준비 과정을 알기 쉽게 표현하고 있다. 뮤지컬 배우의 화려한 모습 뒤에 가려진 힘든 과정을 자세히 설명해 주고 있어서 꿈으로 가는 길은 수많은 노력과 끈기로 이루어진다는 것을 알게 해 준다.

# 나도
# 뮤지컬의
# 주인공

  **한 편의 뮤지컬을 완성하기 위해** 수많은 사람들의 보이지 않는 노력이 필요하다. 뮤지컬이란 어떤 것인지를 이해하며, 뮤지컬 공연에 참여하는 여러 가지 직업을 살펴보고 탐색하기 위해 뮤지컬과 관련된 책을 함께 읽어 본다.

  아이들이 뮤지컬의 주인공이 되어 보고, 공연에 필요한 여러 가지 역할을 맡아 한 편의 뮤지컬 공연을 완성한다. 이를 통해 다양한 직업의 세계를 이해하고, 직업을 갖기 위해 준비해야 하는 과정을 직접 체험해 보는 기회를 제공하고자 한다.

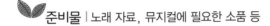 **준비물** | 노래 자료, 뮤지컬에 필요한 소품 등

## 뮤지컬 본 경험을 나누어요

　『책 먹는 여우』를 각색한 뮤지컬 공연의 한 장면을 제시한다. 대사와 연기는 물론 노래와 춤으로 표현되는 것을 보고 책 속 내용이 새롭게 다가옴을 느끼도록 한다. 또 뮤지컬 공연 사진이나 동영상 등을 제시하  고, 감상한 경험을 서로 이야기하면서 뮤지컬에 관심 갖도록 한다.

## 뮤지컬 관련 직업 탐색해요

　뮤지컬에서 가장 돋보이는 사람은 뮤지컬 배우다. 주인공의 꿈을 가지고 노력하는 '한무대'의 이야기 『뮤지컬 배우가 될 테야』를 함께 읽는다.

> **교사** : 뮤지컬이란 무엇인가요?
> **학생** : 노래, 춤, 연기 모두 합해서 만들어진 공연이에요.
> **교사** : 뮤지컬 공연에 나온 직업에는 무엇이 있나요?
> **학생** : 배우, 연출자, 무대 디자이너, 의상 제작자, 안무가 등이에요.
> **교사** : 책을 읽고 나서 무엇을 느꼈나요?
> **학생** : ─ 뮤지컬을 만드는 데 많은 직업이 필요하다는 것을 알았어요.
> 　　　　 ─ 나는 뮤지컬 배우가 되기는 힘들 것 같아요.
> 　　　　 ─ 뮤지컬 〈캣츠〉가 떠올랐어요.

> **TIP**　관련된 직업은 책을 읽으면서 자세히 이야기 나누도록 한다.

"여러분도 뮤지컬 배우가 될 수 있어요. 우리 함께 뮤지컬을 만들어 봅시다."

뮤지컬 공연을 직접 보고, 또는 사진이나 동영상을 통해 느껴 보며 책의 내용이 뮤지컬에서는 이야기(극본), 음악, 춤으로 구성됨을 알게 한다. 교실에서는 뮤지컬을 정식으로 구성하고 꾸며 보기에는 어려움이 많으므로 이야기가 담긴 노래(음악)와 동작(춤)으로 간단하게 꾸며 본다. 화이트의 〈네모의 꿈〉은 아이들이 이해하기 쉬운 메시지가 담겨 있으며, 동작을 준비하고 꾸미기에 적합하므로 뮤지컬 음악으로 선정한다. 먼저, 노래 가사를 나누어 주고, 노래를 듣고 불러 보며 익히는 시간을 충분히 갖는다. 어려운 가사는 사전을 찾아보거나 설명해 주어 내용을 공감할 수 있도록 한다.

**네모의 꿈** / 작사 · 작곡 유영석

네모난 침대에서 일어나 눈을 떠보면
네모난 창문으로 보이는 똑같은 풍경
네모난 문을 열고 네모난 테이블에 앉아
네모난 조간신문 본 뒤
네모난 책가방에 네모난 책들을 넣고
네모난 버스를 타고 네모난 건물 지나
네모난 학교에 들어서면
또 네모난 교실 네모난 칠판과 책상들
네모난 오디오 네모난 컴퓨터 TV
네모난 달력에 그려진 똑같은 하루를
의식도 못한 채로 그냥 숨만 쉬고 있는 걸
주위를 둘러보면 모두 네모난 것들뿐인데

우린 언제나 듣지 잘난 어른의 멋진 이말
'세상은 둥글게 살아야 해'
지구본을 보면 우리 사는 지군 둥근데
부속품들은 왜 다 온통 네모난 건지 몰라
어쩌면 그건 네모의 꿈일지 몰라

뮤지컬과 관련된 직업 활동을 역할별로 나눈다.

| 직 업 | 이 름 | 하는 일 |
| --- | --- | --- |
| 연출자 | 정○정 | 무대 역할 정하기<br>각 장면에 맞게 연습시키기 |
| 무대 디자이너 | 최○림 | 장면에 어울리는 무대 꾸미기 |
| 안무가 | 강○빈 | 4분의 4박자 노래 맞춰 율동 만들기<br>가사에 어울리는 율동 만들기 |
| 소품 | 박○진 | 지구본, 신문지, 책상, 책가방, 텔레비전 등<br>노래 속 장면에 나오는 물건 준비하기 |
| 의상 제작자 | 김○현 | 각자 어울리는 의상 입고 오기 |
| 음향 제작자 | 김○수 | 화이트의 〈네모의 꿈〉 노래 준비하기 |
| 공연 기획자 | 이○정 | 전반적인 공연을 기획하기 |

## 준비하고 연습해요

주제에 맞게 부분별로 나눈 노래 가사를 각 모둠에 나누어 준다. 모둠 안에서 역할을 나누어 보고, 모둠 의논을 통해 주어진 가사에 맞는 준비물과 동작 등을 구상하도록 한다. 구상한 내용을 노래에 맞추어 연습하도록 하여 부분이 전체로 이어질 수 있도록 한다.

## 뮤지컬로 표현해 보아요

　모둠별로 준비된 내용을 이어 전체의 뮤지컬로 꾸며 표현해 본다. 작품으로 완성된 내용을 동영상으로 촬영하거나 UCC로 꾸며 보는 것도 좋다. 또 학예회 등에서 작품으로 표현하여 그 동안 준비한 내용을 뽐내어 보는 것도 좋다.

**교사**

　책 속 주인공인 '한무대'가 뮤지컬 배우가 되기 위해 하는 많은 노력들을 보며 아이들은 꿈을 이루는 일이 쉽지 않다는 것을 느꼈다. 그래서인지 "여러분도 뮤지컬 배우가 될 수 있어요. 우리 함께 뮤지컬을 만들어 봅시다."라는 말에 아이들의 눈이 휘둥그레졌다. 하지만 걱정도 잠시, 노래에 맞춰 필요한 물건들을 준비하고 동작을 연습해 가는 아이들의 모습은 주인공 '한무대'와 다르지 않았다. 서로를 격려해 가면서 모둠별로 열심히 참여하는 모습은 프로 뮤지컬 배우 못지않게 열정적이었다. 주인공 '한무대'처럼 자신의 꿈을 이루어가기 위해 열심히 노력할 아이들의 모습을 기대해 본다.

**학생**

🖎 '한무대'의 이야기를 보니 뮤지컬 배우가 되는 일은 참 어려운 것 같다. 연기도 잘 하고, 노래도 잘 하고, 춤도 잘 춰야 하고.　　　서○현

🖎 뮤지컬 한 편이 무대에서 공연될 때 뮤지컬 배우뿐만 아니라 많은 사람들이 함께 만들어 간다는 것을 알게 되었다.　　　최○영

🖎 노래 가사에 맞게 필요한 물건을 준비하고 동작을 정해 뮤지컬을 꾸며 보니 정말 재미있었다. 또 다른 노래로 뮤지컬을 꾸며 보고 싶다.　　　박○성

🖎 책 속 주인공처럼 노래를 부르며 춤도 추니 진짜 뮤지컬 배우가 된 것 같았다. 공연을 보신 어머니도 멋지다고 하셔서 기분 좋았다.　　　심○서

# 나도 뮤지컬의 주인공

## 무대 위의 별 뮤지컬 배우

서지원 글, 김효진 그림 / 주니어RHK / 2009

은지의 꿈은 뮤지컬 배우가 되는 것이다. 유명한 뮤지컬 공연을 보러 다니고, 대본을 구해서 연기 연습도 하고, 노래 연습도 꾸준히 한다. 열심히 공부해서 꼭 배우고 싶은 선생님이 있는 대학에 합격도 한다. 은지를 통해 뮤지컬의 세계와 뮤지컬 배우에 대해 알 수 있다.

## 행복을 연출하는 방송 PD

노지영 글, 김미규 그림 / 주니어RHK / 2009

"두 시간짜리 특집 쇼 프로그램을 단 2주일 만에 만들어라!" JBS 방송국의 나고수 PD에게 떨어진 아찔한 특명! 나 PD가 특집 쇼 프로그램을 만들어 텔레비전에서 방송하기까지의 이야기를 통해 방송과 관련된 다양한 직업은 물론 방송이 만들지는 과정을 재미있게 소개하고 있다.

# 나의 를리외르 아저씨

이세 히데코 글 · 그림 / 청어람미디어 / 2007

　망가진 식물도감을 고치기 위해 소피는 를리외르 아저씨를 찾아간다. 를리외르의 손길로 식물도감은 새 생명을 가진 책으로 탄생한다. 식물도감에서 출발된 소피의 마음과 를리외르 아저씨의 정성스런 손길은 훗날 소피가 식물학자의 꿈을 이루는 데 큰 힘이 된다. 잔잔한 수채화풍의 그림은 소박하고 꿋꿋한 를리외르의 마음과 소피의 식물도감에 대한 사랑을 평화롭게 전해 준다.

# 식물도감에서
# 식물학자까지

책 읽기를 좋아하든 싫어하든 누구에게나 의미 있거나 기억 남는 책은 있다. 각각의 관심이나 흥미가 있는 한 권의 책은 어쩌면 그 아이의 미래일지도 모른다.

너무 많이 만지고 보아서 닳을 대로 닳은, 하지만 소피에게는 무엇보다 보배 같았던 한 권의 책이 소피를 식물학자로 만들었다는 것은 참으로 가슴을 뭉클하게 만든다.

식물도감을 사랑했던 소피의 마음을 이해하고 격려해 주었던 를리외르 아저씨의 마음은 우리가 본받아야 할 모습이다. 다양한 가능성을 열어 두고 보다 많은 체험과 탐색을 통해서 아이들의 무궁무진한 꿈을 키워갈 수 있도록 기다려 주는 지혜가 우리에게도 필요하다.

🍃 **준비물** | 6가지 색 A4 용지 각 1장씩, 흰색 마분지 1장, 딱풀, 가위, 식물이나 동물 사진 또는 그 밖의 사진, 색연필, 사인펜, 필기구

## 책을 함께 읽어요

『나의 를리외르 아저씨』 읽어 주기를 통해 '를리외르(제본공)'라는 직업에 대해 관심을 갖게 한다. 우리나라에는 작가나 책 출판에 관한 일을 하는 사람은 많지만, 직접 책을 제본하고 만드는 일을 하는 사람은 흔하지 않다. 하지만 프랑스를 비롯한 서양에서는 오랫동안 장인의 하나로서 인정받고, 대대손손 가업으로서 이어져 오고 있다. 그래서 인쇄술이 발달한 지금 많은 책을 공장에서 찍어 내고 있으나 '를리외르'라는 직업 또한 사라지지 않고 남아 있는 것이다.

교사가 들려준 다음 수채화풍의 잔잔한 느낌을 생생히 느끼고 싶어하는 아이들이 있다면 혼자서 다시 한번 느껴 볼 수 있는 시간을 준다. 소피가 되어 '를리외르'를 회상해 보게 한다.

『나의 를리외르 아저씨』 중에서(청어람미디어)

## 질문하고 답해요

그림책을 읽어 준 뒤에 2가지씩 질문을 만들어 보게 한다. 질문 만들기 활동은 아이들의 책 읽기 활동을 더 활발하게 만들고 생각하게 만드는 효과가 있다.

| 이 름 | 질문 내용 |
|---|---|
| 양○원 | 어린 소피는 왜 를리외르 아저씨를 찾아갔나요? |
| | '를리외르'라는 직업은 어떤 일을 하나요? |
| 김○언 | 소피에게 식물도감은 어떤 의미였나요? |
| | 식물도감과 식물학자는 무슨 관계가 있나요? |
| 이○준 | 를리외르 아저씨는 소피를 어떻게 생각하였나요? |
| | 나에게 소중한 것은 무엇인가요? |

## 나만의 도감을 만들어요

아이들이 만들고 싶은 도감의 종류를 정하고 도감에 들어갈 내용을 조사하도록 한다. 식물도감이나 동물도감에서 한약재도감, 의류도감, 음식도감 등 다양하게 정해 보도록 안내한다.

도감을 만들 수 있는 방법은 다양하다. 많은 종류 중에서 '사각 주머니 책'의 한 면은 사진이나 그림을 붙이고, 나머지 면은 관련된 조사 내용을 정리하여 적을 수 있는 북아트이다.

특히 사각 주머니 책은 식물이나 동물 등의 모습과 더불어 각종 정보들을 요긴하게 담을 수 있어 도감 만들기에 권장한다.

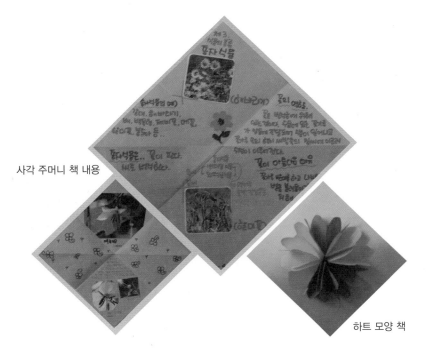

사각 주머니 책 내용

하트 모양 책

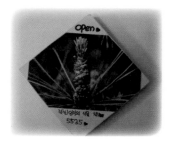

박○영의 식물도감

식물에 관심은 있지만, 매번 이름 모르
는 식물이 많고 궁금해서 식물도감을
만들었다고 한다.

### 그 밖의 다양한 도감들

고양이를 좋아하는 아이는 '고
양이도감', 한의사가 꿈인 아이
는 '한약재도감', 패션에 관심이
많은 아이는 '의류도감'을 소개
했다.

**교사**

　『나의 를리외르 아저씨』를 통해 한 권의 책에 대한 소중함과 책 내용에 대한 진지함을 느끼는 아이들이 보여서 흐뭇했다. 또한 를리외르 아저씨 같은 따뜻함을 늘 지니고 싶은 소망이 생겼다. 소피의 작은 사랑과 관심이 식물학자의 꿈을 이루는 데 한몫을 한 것처럼, 자기의 관심을 꿈으로 이루는 제2의 소피가 많이 나왔으면 좋겠다.

**학생**

　우리나라에도 를리외르 같은 책 의사 선생님이 생긴다면, 책이 버려지지 않고 새롭게 탄생할 텐데……. 내가 해 볼까?　　　　김○빈

　저도 좋아하는 책이 있는데, 소피처럼 닳을 때까지 매일매일 볼래요. 그래서 소피처럼 되고 싶어요.　　　　이○서

　제가 만든 한약재도감은 한약 냄새가 풀풀 나는 것 같아요. 아마 한약 종류가 책 속에 많이 있으니까 그럴 거예요.　　　　김○일

　패션 디자이너가 꿈인 저는 유행하고 있는 패션들을 모아서 의류도감을 만들었어요. 제가 너무 좋아하는 내용이라서 자꾸 보게 돼요.　　　　옥○영

# 식물도감에서 식물학자까지

## 세밀화로 그린 보리 어린이 식물도감

전의식 외 글, 이태수 외 그림 / 보리 / 1997

초등학교 전 학년, 전 교과에서 뽑은 160가지 식물을 직접 채집해서 꼼꼼하게 그린 식물도감이다. 논밭 식물, 꽃밭 식물, 산과 들 식물, 물에 사는 식물 등 5개 장으로 나누어 소개하고 있어서 쉽게 식물을 공부할 수 있다.

## 주머니 속 풀꽃도감

이영득, 정현도 글 · 사진 / 황소걸음 / 2006

길에서 만난 풀꽃들의 이름이 알고 싶을 때, 무겁고 두꺼운 식물도감 대신 언제나 갖고 다닐 수 있는 포켓 크기의 풀꽃도감이다. 한번쯤은 봤지만 이름이 잘 기억나지 않을 때나 알 것 같지만 헷갈리는 풀꽃에 대한 궁금증을 풀어 준다.

# 직업 옆에 직업 옆에 직업

파트리시아 올 글, 프론터 그림 / 미세기 / 2009

생활 주변의 직업에서 그 직업과 관련된 여러 직업을 소개하고 있다. 여러 직업들이 서로 어떤 관련성을 가지고 있는지를 이해할 수 있으며, 아이들이 다양한 직업을 아는 데 도움이 된다. 또한 각 직업을 대표하는 사람들을 소개하고 있으며, 미래에 생길 수 있는 다양한 직업에 대한 생각을 가질수 있도록 해 준다.

# 떠나자!
# 신나는
# 직업 여행

아이들이 알고 있는 직업은 자신의 주변에서 만나는 사람들의 직업에 한정되어 있다. 그래서 "어떤 직업을 가지고 싶니?"라는 질문에 대한 답은 한정될 수밖에 없고, 아이들이 선택할 수 있는 직업의 범위마저도 제한될 수밖에 없다.

아이들에게 다양한 직업을 소개함으로써 자신들의 적성과 흥미, 능력에 알맞은 직업을 선택할 수 있는 영역을 확장시켜 준다. 21세기 현 시대에 새로운 직업이 계속 생겨나고 있으며, 그 새로운 직업을 자신들이 만들어 낼 수 있음을 인식하게 한다. 또한 간단한 적성 테스트를 통해 자신이 알고 있는 적성에 더 관심을 가지고 자기를 이해하는 데 도움을 주고자 한다.

직업의 의미와 직업을 갖는 이유는 무엇인지 이야기 나눈다.

> "수입을 얻기 위해."
> "자신의 꿈을 실현하기 위해."
> "자신의 능력을 계발하기 위해."

다양한 이야기를 통해 직업의 중요성을 일깨울 수 있도록 한다. 우리 가족의 직업에 대해 서로 이야기를 나누고, 어떤 일들을 하고 있는지 구체적으로 설명한다. 또 가족 외에 내가 알고 있는 생활 주변의 직업에 대해서도 알아보도록 하여 가능한 한 많은 직업에 대해 이야기를 할 수 있도록 한다.

## 책을 읽어요

이 책의 표지를 보면서 어떤 직업이 있는지 알아보고, 그 직업이 하는 일에 대해 이야기 나눈다. 책 내용에 대해 아이들이 서로 이야기를 나누어 보게 함으로써 아이들이 알고 있는 여러 직업에 대해 자연스럽게 발표할 수 있는 기회를 제공한다.

또 책의 목차 속 직업의 분야를 살펴보고, 분야에 따른 직업의 종류와 하는 일에 대해 이야기를 나눈다. 여러 분야별로 나누어진 직업의 종류를 살펴보면서 각 생활 속에서 구체적인 직업이 다양하게 있음을 인식할 수 있도록 한다. 그리고 아이들이 잘 모르고 있던 직업 중 자세히 알고 싶은 직업을 찾아 읽는 활동을 전개한다.

내가 알고 있는 직업은 얼마나 될까? 어떤 직업들이 있을까?

## 직업을 알아보자!

1. 다음에 제시된 작업들을 보고 하는 일을 잘 알고 있으면 ○표, 직업의 이름만
   알고 있으면 △표, 전혀 모르면 ×표를 쓰시오.

| 번호 | 직업명 | 아는 정도 | 번호 | 직업명 | 아는 정도 | 번호 | 직업명 | 아는 정도 |
|---|---|---|---|---|---|---|---|---|
| 1 | 큐레이터 | ○ | 26 | 배달 기사 | ○ | 51 | 건축가 | ○ |
| 2 | 공인 노무사 | × | 27 | 항공 교통 관제사 | △ | 52 | 측량사 | × |
| 3 | 물류 관리사 | ○ | 28 | 항해사 | ○ | 53 | 건설 기계 운전원 | △ |
| 4 | 도선사 | × | 29 | 위폐 감식 전문가 | ○ | 54 | 주택 관리사 | △ |
| 5 | 환경 컨설턴트 | △ | 30 | 경매원 | ○ | 55 | 건축 시공 기술자 | △ |
| 6 | 펀드매니저 | ○ | 31 | 스크립터 | × | 56 | 기계 공학 기술자 | △ |
| 7 | 비서 | ○ | 32 | 보호 관찰관 | × | 57 | 전기 공학 기술자 | ○ |
| 8 | 교사 | ○ | 33 | 쇼핑 호스트 | ○ | 58 | 통신 공학 기술자 | ○ |
| 9 | 변리사 | △ | 34 | 텔레마케터 | ○ | 59 | 화학 공학 기술자 | ○ |
| 10 | 변호사 | ○ | 35 | 브루마스터 | × | 60 | 수질 연구원 | △ |
| 11 | 경호원 | ○ | 36 | 요리사 | ○ | 61 | 스토리보드 작가 | △ |
| 12 | 경비원 | ○ | 37 | 애완 동물 미용사 | ○ | 62 | 산림 보호 감시원 | △ |
| 13 | 한의사 | ○ | 38 | 체형 관리사 | ○ | 63 | 멀티미디어 기획자 | △ |
| 14 | 간호사 | ○ | 39 | 스포츠 매니저 | ○ | 64 | 자동차 정비원 | ○ |
| 15 | 사회 복지사 | ○ | 40 | 프로게이머 | ○ | 65 | 용선중개인 | × |
| 16 | 응급 구조사 | ○ | 41 | 거푸집 기술자 | × | 66 | 인사 담당자 | × |
| 17 | 치과 기공사 | △ | 42 | 기술 재활용 전문가 | × | 67 | 일러스트레이터 | ○ |
| 18 | 객실 매니저 | ○ | 43 | 여행 안내원 | ○ | 68 | 귀금속 가공원 | ○ |
| 19 | 번역가 | ○ | 44 | 데이터베이스 관리자 | × | 69 | 안경사 | ○ |
| 20 | 사서 | ○ | 45 | 컴퓨터 보안 전문가 | ○ | 70 | 홍보 판촉원 | △ |
| 21 | 게임 자키 | × | 46 | 웹 개발자 | ○ | 71 | 모델 | ○ |
| 22 | 컴퓨터 애니메이터 | ○ | 47 | 전자 상거래 전문가 | △ | 72 | 연예인 매니저 | ○ |
| 23 | 시각 디자이너 | △ | 48 | 컴퓨터 게임 개발자 | ○ | 73 | 국제 축구 심판 | ○ |
| 24 | 아나운서 및 리포터 | ○ | 49 | 건축 설계사 | ○ | 74 | 방사선사 | ○ |
| 25 | 기자 | ○ | 50 | 캐릭터 디자이너 | ○ | 75 | 임상 병리사 | △ |

2. 앞의 표를 다음과 같이 계산하고, 친구와 비교해 봅시다.

| 선택 | 표시한 개수 | 배점 점수 | 환산 점수 |
|---|---|---|---|
| ○표 | 42 | 2 | 84 |
| △표 | 20 | 1 | 20 |
| ×표 | 14 | 0 | 0 |
| 합계 | 104 | | |

6학년 아동이 작성한 학습지

『독서를 통해 배워가는 진로 교육(2013)』 내용을 참고하여 책에 소개되어 있는 여러 직업 중 알고 있는 직업이 얼마나 되는지 학습지로 확인한다. 75개의 직업 중 자세히 설명할 수 있는 직업에는 ○표를, 알고 있으나 자세히 설명할 수 없는 직업에는 △표를, 잘 모르는 직업에는 ×표를 하도록 한다. 모둠을 구성하여 각자 표시한 직업의 개수를 알아본다. 자신이 자세히 알고 있는 직업에 대해 모둠원에게 설명하도록 한다. 모둠원의 설명을 듣고 알게 된 직업은 '→ ○'로 표시하도록 하여 자신이 모르고 있던 직업에 대해 궁금증을 가지고 탐색할 수 있도록 한다.

## 나에게 맞는 직업을 알아보아요

『직업 옆에 직업 옆에 직업』의 부록에 수록되어 있는 진로 적성 테스트를 통해 아이들에게 각자의 적성에 대해 알아보도록 한다.

학습지에 주어진 내용을 읽고 각 영역별로 표시하도록 한다. 선택한 '●, ★, ♥, ♣, ♠, ■' 중 가장 많은 개수가 나온 영역에 대한 결과를 확인한다. 학습지 작성 후 이 책 부록에 있는 학습지 결과에 따른 자신에게 알맞은 직업군에 대해 설명해 준다.

테스트 결과 자신이 생각했던 것과 일치한다는 아이, 잘 모르고 있었는데 그럴 것 같다는 아이, 자신이 알고 있는 것과 다르다는 아이 등 다양한 반응이 있었다. 이 반응은 아이들이 자신의 적성과 미래의 꿈을 찾기 위한 진로에 있어서 스스로 자신을 탐색할 수 있는 계기가 된다.

> **TIP** 적성 테스트는 정확한 내용이 아니므로 참고 자료로만 활용한다.

# 나에게 어울리는 직업은?

1. 모든 게 내 마음대로 된다면 나는 무엇을 할
까요?
   - ● 유행하는 멋진 옷을 만드는 유명 의류회사
   의 사장이 될 거예요.
   - ★ 제일 친한 친구들을 파티에 부르고 좋아하
   는 가수를 초대할 거예요.
2. 새로운 게임을 할 때 가장 먼저 하는 일은
무엇인가요?
   - ★ 게임 설명서를 먼저 읽어요.
   - ■ 바로 게임을 시작해요.
3. 저녁에는 어떻게 잠이 드나요?
   - ▲ 좋아하는 시나 그림을 머릿속으로 떠올려요.
   - ★ 낮에 했던 일들을 다시 생각해요.
4. 작가가 된다면 무엇을 쓰고 싶나요?
   - ★ 백과사전요.
   - ♥ 모험소설요.
5. 무엇을 더 좋아하나요?
   - ● 우표 수집을 위해서 기념 우표를 사러 가요.
   - ♠ 수학문제를 어떻게 풀지 궁리해요.
6. 영화관에 갔어요. 어떤 영화를 고를 건가요?
   - ♣ 친구들이 다 봤다는 유행하는 영화요.
   - ■ 내가 보고 싶은 영화요.
7. 만약에 동물이 된다면 어떤 동물이 되고 싶
나요?
   - ★ 사자요.
   - ■ 비버요.
8. 다음 두 가지 중 어떤 단어를 더 좋아하나요?
   - ▲ 자유
   - ● 힘
9. 친구들과 팀을 만들어야 해요. 나는 어떤
사람이 되고 싶나요?
   - ● 친구들을 선택하는 사람요.
   - ♥ 친구들이 선택하는 사람요.
10. 어떤 위인이 되었으면 좋겠어요?
   - ● 세계를 정복한 왕요.
   - ♣ 세상에 필요한 약을 발견한 과학자요.
11. 사촌 5명과 방학을 같이 보내기로 했어요.
사촌들과 어떻게 놀 건가요?
   - ● 매일 할 일을 미리 계획해요.
   - ♣ 함께 만나서 모두가 좋아할 만한 계획을 짜요.
12. 가장 아끼던 옷이 찢어졌어요. 어떻게 하
지요?
   - ■ 찢어진 옷을 꿰매 달라고 엄마에게 맡겨요.
   - ▲ 옷은 아깝지만 어쩔 수 없죠. 옷을 잘라서
   엄마에게 멋진 가방을 만들어 줄 거예요.

13. 만약에 내게 장소가 된다면 어떤 곳이 되
고 싶나요?
   - ♥ 사람들이 모여서 활기차게 운동할 수 있는
   경기장이 되고 싶어요.
   - ■ 조용하게 작업에 몰두할 수 있는 장인의 공
   방이 되고 싶어요.
14. 대회에 나간다면 어떤 대회에서 우승할 수
있어요?
   - ■ 요리대회요.
   - ♠ 퀴즈대회요.
15. 어떤 선물을 받으면 기분이 좋을까요?
   - ■ 직접 조립하는 모형 배요.
   - ♣ 휴대폰요.
16. 시골에서 길을 걸어요. 무엇을 보며 갈까요?
   - ▲ 풍경요.
   - ♥ 지도요.
17. 나중에 커서 불쌍한 아이들을 돕는다면 어
떻게 도울까요?
   - ▲ 종합병원에서 아이들에게 이벤트를 해 줘요.
   - ♠ 아이들이 숙제하는 걸 도와줘요.
18. 학교식당에서 어떻게 음식을 고르나요?
   - ▲ 앞에 보이는 음식을 집어요.
   - ♣ 옆 테이블에서 먹고 있는 친구들에게 뭐가
   맛있는지 물어 봐요.
19. 제일 친한 친구의 생일에 어떤 선물을 할
까요?
   - ♥ 독특한 선물을 골라요.
   - ♠ 친구의 부모님께 친구가 받고 기뻐할 만한
   선물이 뭔지 물어 봐요.
20. 화성인들이 지구에 왔어요. 나는 무엇을
할까요?
   - ♥ 빨리 달로 도망가요.
   - ♣ 지구인과 화성인의 친목 단체를 만들어요.
21. 사랑에 빠진다면 어떻게 할 건가요?
   - ♣ 빨리 고백해요.
   - ♠ 그 친구에게 다가갈 가장 좋은 방법을 궁리
   해요.

〈다음 표에 선택한 답의 기호를 표시하세요.〉

| | 1 | 2 | 3 | 4 | 5 | 6 | 7 | 8 | 9 | 10 | 11 | 12 | 13 | 14 | 15 | 16 | 17 | 18 | 19 | 20 | 21 |
|---|---|---|---|---|---|---|---|---|---|---|---|---|---|---|---|---|---|---|---|---|---|
| ● | | | | | | | | | | | | | | | | | | | | | |
| ★ | | | | | | | | | | | | | | | | | | | | | |
| ▲ | | | | | | | | | | | | | | | | | | | | | |
| ■ | | | | | | | | | | | | | | | | | | | | | |
| ♥ | | | | | | | | | | | | | | | | | | | | | |
| ♠ | | | | | | | | | | | | | | | | | | | | | |
| ♣ | | | | | | | | | | | | | | | | | | | | | |

『직업 옆에 직업 옆에 직업』 부록 내용으로 작성한 학습지

## '●'가 제일 많은 사람

### 질서를 좋아하고 계획을 잘 세우는 어린이

살아가면서 누군가 의지해야 할 사람을 찾는다면 바로 당신이 그 사람이지요. 당신은 다른 사람과의 약속을 늘 지키고 충동적인 일은 거의 하지 않아요. 당신은 머리가 좋고 논리적인 사람이에요. 분명하고 구체적인 것을 좋아하고 규칙은 꼭 지켜야 한다고 생각해요. 당신이 능력을 최대한 발휘하고 행복을 느낄 수 있으려면, 어떤 일을 해야 하는지 분명히 정해져 있고 튼튼한 조직이 있는 직업을 가져야 해요. 경영, 회계, 행정과 관련된 직업이 당신의 적성에 안성맞춤이지요. 엄격하고 규범을 잘 지키는 당신의 성격은 다른 사람들의 업무를 조율해서 기업이 잘 돌아가게 할 수 있는 직업이 어울려요.

### 가장 잘 어울리는 직업

웹마스터, 재무컨설팅 전문가, 회계 담당자, 비서, 세관원, 수속 담당자, 항공기유도사, 예약 담당자, 구호 물품 물류 관리사, 선적 대리인, 용선 중개인, 항만 물류전문가, 무대 감독, 공연 기획자, 객실 매니저, 행정 공무원, 환경미화원, 경찰관, 동물원 수의사, 법원 서기, 주택관리사, 측량사, 문서 보관원, 기획 편집자, 생활 체육 지도사, 스크립터

『직업 옆에 직업 옆에 직업』 부록 내용의 결과 예시

적성을 알아보는 단순한 활동에 흥미를 보이는 아이들에게 커리어넷에서 제공하고 있는 적성검사를 통해 자신의 적성을 알아보는 활동을 가져 보는 것도 유익하다. 적성뿐만 아니라 성격 검사까지 가능하므로 창의적 체험활동 시간을 활용하여 검사를 해 봄으로써 아이들에게 자신을 탐구할 수 있는 기회를 제공할 수 있다.

**교사**

'직업의 종류는 얼마나 될까?'

우리나라 직업의 종류만 해도 2만 여 개를 넘어섰다는 통계를 보면서 하루가 다르게 직업의 종류는 달라지고 있는데, 우리 아이들이 알고 있는 직업은 30개~40개 정도가 평균이다. 물론 아이들도 자신들이 알고 있는 직업의 종류가 너무 적다는 것에 충격이었나 보다.

생활적인 부분과 공간적인 부분의 제약으로 인해 경험이 부족한 아이들에게 책을 통해서 다양한 직업이 있다는 것을 알아보는 활동은 그러한 제약들의 한계를 극복할 수 있는 활동이 되었다. 또 자신의 적성에 대한 간단한 테스트는 정확하지는 않지만 아이들 스스로 자신의 적성에 대해 궁금증을 가지고 흥미를 느끼는 시간이 되었다. 교사에게, 친구들에게 자신의 적성에 맞는 결과인지 물어보는 아이들을 보면서 또 하나의 자신을 찾아가는 모습을 확인할 수 있었다.

**학생**

직업에 대한 시간을 가져 보았다. 평소에 내가 알고 있었던 직업도 있었고, 이름은 들어 봤지만 정확하게 알지 못하는 직업이 있었고, 아예 모르는 직업도 많았다. 또 아예 모르는 직업을 더욱더 자세하게 알 수 있게 되었으며, 알고 있었던 직업도 더 깊이 알 수 있게 되었던 시간인 것 같아 흥미롭고 재미있었다. 적성도 알아보는 이번 시간 정말 재미있었다.

황○섭

🔖 내가 평소에 몰랐던 여러 가지 직업에 대해서 그림책과 활동을 하게 되면서 알게 되었다. 또한 『직업 옆에 직업 옆에 직업』이라는 책에 있는 테스트를 통해서 나와 어울리는 직업을 찾게 되었다. 나는 이 테스트에서 나와 어울리는 직업은 법과 관련된 직업이 나왔으니까 집에서 법과 관련된 직업에 대해 알아보고 조사해 볼 것이다. 나는 오늘 활동을 통해서 많은 것을 알게 되어 기뻤다.　　이○인

🔖 오늘은 직업에 대해 알아보았다. 생각보다 모르는 직업이 너무 많았다. 친구들이랑 직업에 대해 얘기도 하고 더 알게 되어 좋았다. 그리고 내가 갖고 싶은 직업에 대해 생각했는데, 그닥 갖고 싶은 직업이 없다. 6학년이 돼서 직업에 대해 생각했는데, 정확한 결정을 하는 데는 시간이 더 많이 걸릴 것 같다.　　최○규

🔖 나는 오늘 직업을 알아보면서 나에게 가장 맞는 분야에 대해 알게 되었다. 나는 활동적(관광, 교통, 운동선수)이나 사람을 사랑하고 서로 나누는 의료 분야, 영업, 방송, 공연 등에 어울린다고 나왔다. 나 역시 조용한 것을 싫어하고 활동하는 걸 좋아해서 이 일에 어울릴 것 같다. 나에 대해 알아보는 것이 굉장히 좋고 뿌듯하다.　　김○빈

# 떠나자! 신나는 직업 여행

## 한 권으로 보는 그림 직업 백과

조은주 · 유수정 글, 마정원 그림 / 진선아이 / 2009

직업 분야별로 다양하게 직업을 그림으로 소개하고 있어서 아이들이 이해하기 쉽다. 또, 한 직업과 관련된 다른 직업에 대한 설명이 덧붙여 있고, 300여 종의 직업이 소개되어 있어 아이들에게 여러 직업에 대한 정보를 제공하고 있다.

## 성격과 기질로 알아보는 어린이 직업 백과

공작소 글/ 아름다운 사람들 / 2010

어린이의 성격과 기질을 10가지로 분류하고 각기 어울리는 직업에 대해 소개하고 있다. 어린이들 각자가 생각하는 자신에게 어울리는 직업에 대해 알아보고 꿈을 키울 수 있게 해 준다.

# 관을 짜는 아이

한정영 글, 최지은 그림 / 가교출판 / 2013

　지금도 '물 전쟁'은 일어나고 있다. 케냐의 투르카나 족 사람들은 국경 부근에 있는 물웅덩이에서 물을 차지하기 위해 우간다 사람들과 전쟁까지 벌인다. 이 마을의 10살 소녀 끼아레는 물을 긷기 위해 매일 먼 길을 떠나고, 끼아레의 오빠인 이꾸루는 어린아이들의 관을 짜는 일을 한다. 물이 부족해서 어린아이들이 많이 죽기 때문이다. 물웅덩이를 두고 일어난 전쟁으로 동생 끼아레가 죽고, 동생의 관을 짜는 이꾸루의 모습에서 지금의 나에 대해 감사하는 마음을 갖게 해 준다.

# 나는
# 행복한
# 사람입니다

   '나는 얼마나 행복한 사람인가?'라는 생각을 일상 속에서 하는 것은 쉽지 않다. 곳곳에서 나를 힘들게 하고, 원하지만 가질 수 없는 것은 하나씩 늘어나기 때문이다. 하지만 우리가 무심코 지나쳤던 일상에 행복이 있다. 내가 누리는 이 행복을 세계의 여러 어린이들과 나누기 위한 방법을 고민하고, 그와 관련된 직업을 찾아보도록 한다. 이를 통해 다른 친구들에게 관심을 기울이고, 도움을 주는 것 또한 행복임을 알게 될 것이다.

**준비물** | 8절 도화지 2장, 콜라주 재료(잡지, 신문, 못 쓰는 교과서), 유성 매직, 네임펜, 색연필, 사인펜, 가위, 딱풀 등 꾸미기 재료

## 읽고 생각해요

이 책을 읽고 '끼아레'와 '이꾸루'를 도와주는 방법을 찾고, 그 일을 하고 있는 사람의 직업을 찾아보는 활동이다. 창문 토론을 통해 각자의 다양한 생각을 끌어낸다.

### 창문 토론  '끼아레와 이꾸루를 도와라'

**교사의 발문**

- 이 책을 읽고 나서 어떤 생각이 들었나요?
- 이 책 속에 나온 친구들은 어떤 아이들인가요?
- 끼아래와 이꾸루 같은 아이들은 어디에 있을까요?
- 끼아래와 이꾸루처럼 도움이 필요한 친구들을 생각해 봅시다.
- 이런 친구들을 도울 수 있는 방법을 생각해 봅시다.

1. 병원을 세우자.
2. 깨끗한 물을 기부하자.
3. 학교를 세우자.
4. 정수기를 만든다.

1. 병원을 세우자.
2. 집을 짓고, 우물을 만들자.
3. 학교를 세우자.
4. 나무를 심고 돈을 기부하자.

각자의 의견 중 가장 적당하다고 생각되는 것 한 가지를 선택한다.
그리고 정리된 내용을 발표한다.

| 창문 토론 결과 | | |
| --- | --- | --- |
| 1. 인공 비를 내려 준다. | 우리들의 | 음식을 보내 준다. |
| 2. <u>음식을 보내 준다.</u> | 선택 | |
| 3. 학교를 세운다. | | |
| 4. 정수기를 만든다. | | |

### 콜라주로 표현해요

모둠원들이 함께 선택한 일을 할 수 있는 사람(직업)을 생각하고 콜
라주로 다양하게 표현해 본다.

153

### 학교를 세운다

- 선생님
- 요리사
- 건설 일을 하는 사람
- 보건 선생님
- 배수관 일을 하는 사람

### 필요한 물건을 보내 준다

- 항해사
- 요리사
- 정수기 만드는 사람
- 정수기 설치하는 사람

### 학교를 세운다

- 선생님
- 건축사
- 요리사
- 정수기 설치하는 사람
- 사물함 만드는 사람

### 병을 치료해 준다

- 의사
- 우물을 만드는 사람
- 나무를 심는 사람
- 정수기 설치하는 사람

아이들이 생활 속에서 도울 수 있는 방법을 찾고 실천할 수 있도록 한다. 여러 가지 도울 수 있는 방법들을 이야기 나누고, 그 중에서 먼저 실천할 수 있는 방법을 선택하도록 한다.

**우리가 도울 수 있는 방법**

1. 물을 아껴 쓴다.
2. 용돈을 모아 기부한다.
3. 항상 감사하게 생각한다.
4. 도움이 필요한 친구들을 도와준다.

▼

2. 용돈을 모아 기부한다.

용돈을 모아 기부하는 방법 중 하나로, '사랑의 빵 나눔'에 참여하여 한 달 동안 자신의 용돈을 조금씩 모아 기부하고, 아프리카 어린이들에게 편지를 써 전달하기로 하였다.

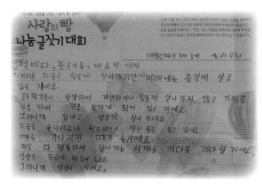

**교사**

　　부모님의 많은 사랑과 선생님의 관심을 가지고 건강하게 자라고 있는 이 아이들이 끼아레와 이꾸루의 삶에 얼마나 관심을 기울일지 궁금했다. 예상과는 달리 『관을 짜는 아이』를 읽어 주는 동안 아이들 모두 숨죽여 집중했다. 아이들은 아프리카 어린이들의 삶에 빠져들었고, 몇몇은 눈물을 보이기도 했다. 지구촌 어려운 환경의 친구들을 생각하고 도울 수 있는 방법을 생각하기 위해 애쓰는 모습이 대견했다. 아이들이 성장하면서 따뜻한 마음을 잃지 않고 소외된 이웃을 돌아볼 수 있으면 좋겠다.

**학생**

　오늘 활동을 하니, 우리나라가 얼마나 행복한지 알게 되었다. 끼아레와 이꾸루가 서로 도와주며 사랑하는 것을 보니 감동했다. 하지만 마지막은 정말 슬펐다.
　　　　　　　　　　　　　　　　　　　　　　　　　　　　이○현

　나는 오늘 이꾸루와 끼아레의 생활을 보고 슬펐다. 나는 이렇게 생각했다. 내 생활과 끼아레는 다른 것 같다. 이제는 물부터 아껴 쓸 것이다.
　　　　　　　　　　　　　　　　　　　　　　　　　　　　주○진

　끼아레가 마지막에 총 맞아 죽을 때 너무 슬펐다. 그리고 이꾸루가 동생을 위해 관을 만든 것도 슬펐다.
　　　　　　　　　　　　　　　　　　　　　　　　　　　　조○채

　끼아레와 이꾸루! 너희가 이렇게 힘들게 사는지 몰랐어.　　박○교

# 나는 행복한 사람입니다

## 거짓말 같은 이야기

강경수 글 · 그림 / 시공주니어 / 2011

대한민국에 살고, 그림 그리기를 좋아하는 소년 솔이는 같은 나이의 다른 나라 친구들의 이야기를 듣는다. 길 아래 맨홀에서 살아가는 아이, 내전으로 인해 소년병이 된 아이, 가족의 생계를 위해 하루에 10시간이 넘도록 일하는 아이 등 솔이와는 다른 아이들이다. 자신이 얼마나 행복하게 살아가고 있는지를 알게 하는 책이다.

## 내가 라면을 먹을 때

하세가와 요시 후미 글 · 그림 / 고래이야기 / 2009

말 잇기 놀이로 시작해 이웃과 인권에 대해 다시 한번 생각해 볼 수 있도록 하는 그림책이다. 세상의 아이들이 모두 우리처럼 행복하지 않다는 것을, 그리고 그들과 우리는 단단하게 이어져 있다는 것을 말한다.

# 진로 탐색

## 나는 어떤 어른이 될까요?

한경심 글, 이강훈 그림 / 토토북 / 2008

자신의 재능을 살려 멋지게 성공하고 존경까지 받는 어른들이 등장한다. 현재는 매우 훌륭한 어른이지만 어린 시절엔 엄청난 장난꾸러기이거나 내성적이어서 눈에 잘 띄지도 않았을 뿐더러 아주 옹고집쟁이도 있었다. 이 어른들의 공통점이 하나 있다. 바로 작은 성공에 머물지 않고 자신의 재능을 살려 끊임없이 도전하고, 자기 스스로 삶을 바꾸어 갔다는 것이다. 따뜻한 세상을 만들고 싶어하는 아홉 어른들과 만나 내가 진짜 되고 싶은 어른의 모습을 찾을 수 있다.

# 나의
# 진로 멘토
# 찾기

초등학생들이 장래 희망을 선정할 때 가장 영향을 많이 받는 사람이 부모님 58%, 선생님 10%, 사회적 명사 10%, 국내외 위인 10%라는 한 통계 자료가 있었다. 이처럼 아이들의 장래 희망에 영향력을 준다는 점에서 진로를 선택할 때 직업별로 중요한 인물에 대해 이해하는 활동은 필요하다.

자신보다 경험이 많은 사람으로서 나의 꿈과 비전을 이룰 수 있도록 도와주는 스승, 혹은 인생의 안내자를 우리는 '멘토'라고 한다. 자신이 원하는 직업을 선택하고, 그 직업과 관련하여 뛰어난 활동을 하거나 본받고 싶은 인물을 '멘토'로 선정하여 그 인물의 삶과 가치관에 대해 알아보는 활동은, 아이들에게 장래 희망에 한 걸음 더 다가갈 수 있도록 할 것이다.

🌿**준비물** | 도화지, 색도화지, 사인펜, 위인전, 직업 사전, 테블릿 pc

## 책 읽고, 성공의 기준을 알아보아요

『나는 어떤 어른이 될까요?』는 세상에 빛이 되는 아름다운 어른들과의 만남을 주선하고 있다. 미래에 내가 무엇을 해야 하고, 어떻게 살아가야 할지 모르는 아이들에게 먼저 살아본 경험을 이야기해 주듯이 풀어 주고 있다.

부모들은 아이들에게 성공하고 멋진 삶을 갖기 위해서는 열심히 공부해야 한다고 말하지만, 책에 등장하는 어른들은 돈이 많은 부자이거나 권력을 가진 높은 위치의 어른들이 아니다. 9명의 어른들은 각자 자신의 신념을 지켜가면서 자신이 가진 것을 다른 사람들에게 베풀고, 자신의 소망과 재능대로 인생을 선택해서 꾸준히 노력하는 용기를 가진 사람이라면 성공으로 갈 수 있다고 말하고 있다.

아이들에게 인생의 성공은 돈을 많이 벌거나 높은 위치에 올라가는 것만이 아니라는 것을 이해할 수 있도록 책에 등장하는 어른들의 성공 기준을 찾아 적어 보게 한다.

| ❋ 빛이 되는 아름다운 어른들의 성공기준 찾아보기 | | | |
|---|---|---|---|
| 박원순<br>모든 사람들이 행복하게 살아있도록 머리로 생각한 것을 직접 실현하는 것 | 임옥상<br>많은 사람들과 함께 그림을 그려서 세상을 표현하는 것 | 박영덕<br>아무리 힘들어도 포기하지 않고 내가 가장 좋아하는 일을 하는 것 | 신경림<br>시를 통해 따뜻한 세상을 만들어 가는 것 |
| 박칼린<br>늘 열심히 살면서 다양한 꿈을 가지는 것 | 이명강<br>나의 부족함을 부끄러워하지 말고 인내심을 가지고 좋아하는 일을 꾸준히 하는 것 | 최완수<br>우리 문화의 자존심을 지켜나가는 것 | 지은희<br>남자든 여자든 부당하게 차별 받지 않는 세상을 만드는 것 |

책에 등장하는 9명의 어른들 성공 기준을 알아보는 과정을 통하여 자신의 직업 가치관에 대해 좀 더 명확한 기준을 세우도록 한다. 자신이 어른이 되었을 때 어떤 모습으로 있고 싶은지 이야기를 나눈다. 아이들에게 성공 기준을 지금 당장 한 가지로 정해 무조건 지키는 것이 아니라, 다양하게 갖고 지속적으로 수정해 나갈 수 있다는 것을 인지시킨다. 그리고 서로 자유로운 분위기에서 이야기를 나누도록 한다. 과연 나는 어떤 어른이 될 것인지 현재의 성공 기준을 정해 보고, 자신의 가치관과 맞는 멘토를 찾을 수 있도록 한다.

김○호 : 동물을 사랑하고 행복하게 해 줄 수 있는 사육사
정○빈 : 모든 사람들이 새에 관심을 가지게 하는 조류학자
박○원 : 누군가를 울거나 웃을 수 있게 만드는 영화감독이면서 똑같은 것을 보고도 더 뛰어난 발상을 하는 사람
정○건 : 우리나라 문화재와 문화를 지키는 외교관
김○우 : 버려진 동물을 사랑하고 아끼며 돌보는 애견 핸들러

 **TIP** 롤링 페이퍼를 활용하여 다른 아이들과 자신의 성공 기준을 비교해 볼 수 있다.

## 나의 멘토에 대해 알아보아요

자신의 소질 및 능력 등을 종합하여 성공 기준을 정하였다면 원하는 멘토와 관련된 내용을 조사해 본다. 아이들이 쉽게 접근할 수 있는 인터넷, TV, 영화, 위인전과 같은 인물 관련 책 등 여러 가지 매체를 활용하여 한 인물을 다양한 방면으로 조사하는 것이 좋다. 나에게 맞

는 진로 멘토를 조사하면서 그 사람의 업적과 활동 모습, 본받을 점 등을 중심으로 정리한다. 조사한 내용은 나의 진로 멘토 북의 기초 자료로 사용한다.

## 진로 멘토 북을 만들어요

조사한 멘토와 직업에 관한 내용들을 토대로 나만의 진로 멘토 북을 제작한다. 간단한 책 만들기 방법을 활용하여 면지를 다음과 같이 구성하도록 한다. 이때 아이들이 원하는 내용으로 바꾸어 작성해도 무방하다고 안내하여 다양한 내용을 담을 수 있도록 한다.

| 표지 구성 | 멘토 선정 이유 | 멘토의 생애와 활동 모습 | 내가 생각하는 성공이란? | 내 인생의 성공을 위해 노력할 점 | 미래의 나의 모습 | 친구들의 응원 한마디! |
|---|---|---|---|---|---|---|
| 책 표지 | 1면 | 2면 | 3면 | 4면 | 5면 | 6면 |

진로 멘토 북 작성 내용 예시

완성된 멘토 북을 이용하여 자신의 진로 멘토를 소개한다. 진로 멘토를 선정한 이유와 그 직업을 얻기 위해 내가 노력해야 할 일 등을 발표하고, 마지막에는 자신이 그 꿈을 이루었을 때의 모습과 앞으로의 다짐을 공개한다. 친구들은 멘토를 소개한 아이에게 "넌 꼭 반기문 유엔 총장님처럼 세계를 이끌어가는 리더가 될 수 있을 거야.", "넌 요리하는 것을 좋아하니까 세상 사람들이 먹고 싶어하는 요리를 만들 수 있을 거야."처럼 격려하는 말을 해 주도록 지도한다. 친구들 앞에서 진로 멘토를 소개하는 것은 자부심도 느낄 수 있고, 멘토가 지향했던 마인드를 가슴에 심을 수 있는 중요한 기회가 된다.

## 이렇게 활동했어요

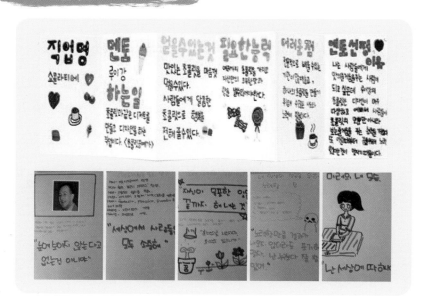

### 교사

아이들에게 진로의 중요성에서 성공의 기준이 돈과 명예가 아닌 다른 것들도 많다는 것을 알려 주고 싶었다. 자신의 직업 가치관이나 소질에 맞는 멘토를 찾고 멘토 북을 제작하는 과정에서 아이들은 막연하게 생각하고 있던 꿈을 조금 더 구체화시키게 되었다. 확실하게 정해진 꿈이 없던 아이들도 나름대로 멘토를 선정하여 꿈을 찾기 위해 노력하는 모습이 참 대견스러웠다. 아이들은 완성된 멘토 북을 고이 간직하면서 앞으로 자신이 따라가야 할 길의 방향을 찾을 수 있는 좋은 기회였다고 생각된다.

진로를 계획하는 과정에서 아이들이 관심과 흥미를 가지고 능동적으로 탐색할 수 있는 기회를 준다면 훨씬 자신의 진로에 대하여 진지하게 생각해 볼 수 있는 계기가 될 것이다. 또한 인생의 성공에는 다양한 가치가 있다는 것을 깨닫게 해 줄 것이다.

### 학생

🖋 나에게도 멘토가 생겨서 꿈을 이루는 데 많은 도움이 될 것 같다. 진로 멘토가 나의 진짜 스승님인 것 같은 생각이 들었다.　　　박○윤

🖋 나의 진로 멘토 북을 만들면서 나의 장래 희망인 디자이너에 대하여 더 자세히 알 수 있어서 좋았다.　　　박○연

# 나의 진로 멘토 찾기

## 성공한 사람들의 아주 특별한 이야기 1~3

조영경 글, 한창수 그림 / 채우리 / 2005

불우한 환경을 극복한 인물, 자신의 꿈을 위해 끊임없이 노력한 인물, 장애를 극복하여 자신의 삶을 이룬 우리 시대의 성공한 사람들의 삶에 대한 이야기이다. 이를 통해 아이들에게 현재를 통해 미래의 자신을 꿈꿀 수 있도록 해 준다.

## 14살 인생 멘토 1~2

김보일 글, 곽윤환 그림 / 북멘토 / 2009(1권), 2010(2권)

'아름다운 가치를 지켜 낸 사람들의 인생 보고서'라는 부제에서도 알 수 있듯이 '어떤 사람이 되어야 할까?'를 고민하는 청소년들에게 자신의 꿈을 향해 나아갈 수 있는 희망과 용기를 북돋워 준다.

# 행복한 청소부

모니카 페트 글, 안토니 보라틴스키 그림 / 풀빛 / 2000

독일의 거리 표지판을 닦는 청소부 아저씨가 어느 날 자신이 맡은 구역의 이름을 내걸었던 예술가들을 알아야겠다는 깨달음을 얻고, 그 사람들과 작품들을 공부해 나간다. 그 결과 청소부 아저씨는 많은 사람들에게 놀라움과 깨달음을 주고, 사람들에게 존경받는 사람이 된다.

청소부뿐만 아니라 우리가 흔히 사회에서 지위가 낮다고 평가하는 모든 직업들에 대해 다시 한번 생각해 보게 한다. '어떤 직업을 선택하느냐'보다 '어떻게 살아야 하느냐'를 고민해 볼 수 있게 하는 이야기다.

# 직업 속에
# 숨겨진
# 가치

　"엄마, 나 커서 청소부가 되고 싶어요."라고 말한다면 대부분의 부모는 어떤 반응을 보일까? 부모가 바라는 아이의 장래 희망은 어떤 기준에 의해 정해지는 것일까? 이 사회에서 원하는 좋은 직업의 의미에 대해 다시 생각해 보아야 한다. 또한 좋은 직업의 기준 중에서 우선적으로 고민해야 하는 것이 그 직업이 지니고 있는 가치일 것이다. 청소부나 택시기사나 의사나 그 어떤 직업을 가지더라도 직업이 지녀야 할 가치를 깨닫는다면 무엇 하나 이 사회에서 불만족스러운 직업은 없을 것이다. 각각의 직업이 지니고 있는 참다운 가치를 알아보고 이해할 수 있는 시간을 제공하여 아이들에게 행복한 자신의 삶을 누릴 수 있도록 하고자 한다.

**준비물** | 4절 색지 1장, 네임펜 또는 매직, 가위, 국어사전

## 책을 읽어요

『행복한 청소부』를 아이들과 함께 읽고 난 후, 여러 가지 생각이나 느낌을 나눈다. 여러 생각을 나누는 과정을 통해서 직업에 대한 의미를 이해할 수 있도록 하며, 직업이 지니고 있는 가치에 대하여 생각할 수 있는 기회를 제공한다.

### 청소부 아저씨는 왜 행복한 것일까?

▶ 아저씨가 작곡가와 음악가의 이름이 적힌 간판을 매일 청소하면서도 그 인물들에 대해 잘 몰랐다. 한 아이를 통해 책을 찾아보고 신문을 보며 인물들에 대해 관심을 갖고 알게 되면서 자신이 행복한 직업을 가지고 있다고 생각해서 아저씨는 행복한 것이다.

▶ 아저씨가 간판 청소를 하면서도 자신이 청소하는 간판의 음악가나 작가들의 이름을 외우고 관심을 두어 그 사람들에 대해 알게 되었다. 그랬더니 기대도 안 했는데 몰라보게 아저씨가 발전하게 되어서 행복한 것이다.

### 내가 아저씨라면 어떤 선택을 했을까?

■ **교수를 선택할 것이다.**
- 돈을 많이 벌 수 있고, 더 많은 것을 즐길 수 있고, 또 유명해질 수 있는 기회이기 때문이다.
- 청소부보다는 교수가 더 편하고 사람들이 좋게 보기 때문이다.

■ **교수를 선택하지 않을 것이다.**
- 교수를 선택하면 유명해질 수도 있지만 내가 청소를 해서 행복하다면 나는 청소부를 선택할 것이다.
- 대학에서 강연을 하면 자신의 즐거운 직업을 포기해야 하기 때문이다.

**행복한 청소부를 읽고 난 느낌**

▶ 행복한 청소부 아저씨가 정말 대단한 것 같다. 그 천한 일인 청소부인데도 고정관념을 깨고 음악을 많이 감상하고, 책도 많이 읽는다는 것이 존경스러웠다.

▶ 청소부 아저씨가 들은 음악의 음악가와 청소부 아저씨가 읽은 책의 작가들에 대해 함께 이야기하면서 더 자세하게 알게 되었고, 청소부 아저씨는 힘든 일을 하시면서도 항상 행복하게 일하는 모습이 보였다.

▶ 더 좋은 조건의 직업을 가질 수 있는데, 자신이 선택한 직업을 버리지 않고 끝까지 청소부 일을 한다는 것이 대단하게 느껴졌다.

## 청소부의 직업 가치를 이야기 해요

청소부라는 직업이 지녀야 할 직업 가치에 대해 이야기해 본다. 이 직업이 하는 일은 어떤 일이 있으며, 그 일은 우리 생활에 어떤 영향을 미치게 되고, 어떤 보람을 느끼게 되는지 아이들과 이야기해 본다. 우리 생활 주변에서 흔히 볼 수 있는 청소부라는 직업에 대해 여러 생각들을 나누면서 다른 직업에 대한 가치도 생각해 볼 수 있도록 한다.

언제든 우리 주변을 깨끗하게 해 줘요.

사람들이 깨끗한 거리를 보면서 행복해하는 모습을 보며 보람을 느낄 것 같아요.

화장실이 깨끗할 때 청소하시는 분께 고마운 마음이 들어요.

아저씨가 일하시지 않으면 주변이 더러워져요.

자신이 원하는 직업이나 다양한 직업이 가져야 할 가치에 대해 알아본다. 4인 1조로 모둠을 만들어 각자가 궁금한 직업을 마인드맵으로 작성하도록 한다. 작성한 직업에 대해 모둠 돌려쓰기로 각 직업이 지녀야 할 가치에 대해 작성하도록 한다. 이때 모둠원들의 생각을 나누어 돌려쓸 수 있도록 충분한 시간을 제공한다.

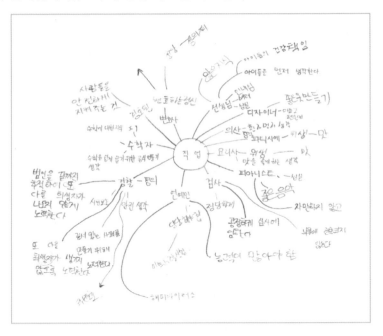

돌려쓰기를 통해 직업 가치에 대한 작성이 끝나면 각자의 마인드맵을 통해 각 직업이 지녀야 할 가치에는 어떤 것이 있는지 모둠에서 토의하여 정하도록 한다.

자신이 선택한 직업에 있어서 그 가치가 어떤 의미인지 구체적으로 정의 내리기 위한 활동으로, 어떤 가치를 내가 선택한 직업의 측면에서 생각해 보고 나만의 직업 가치 사전을 만든다. 간단한 책 만들기 방법을 이용하여 6면에 해당하는 소책자를 만든 다음, 각 직업에 해당하는 가치를 기록하도록 한다. 책 뒷면에 간단한 서평을 쓰도록 한다.

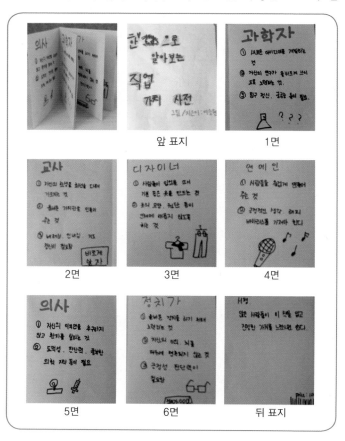

| | | |
|---|---|---|
| 앞 표지 | 1면 | |
| 2면 | 3면 | 4면 |
| 5면 | 6면 | 뒤 표지 |

**교사**

　활동을 하기 전 아이들은 '가치'라는 낱말의 뜻도 몰랐다. 활동 후 가치에 대해 알게 되었고, 직업에 대한 인식에도 변화가 있었다. 어떤 가치를 중요하게 생각하느냐에 따라 그 직업이 훌륭한 직업이 될 수도 있고, 그렇지 않을 수도 있다는 것을 배웠다. 아이들 중에서는 부모님이 원하는 직업을 장래 희망으로 말하던 아이가 있었는데, 이번 활동 후 자신이 진짜 어떤 일을 하고 싶은지 깊이 고민할 수 있었다고 말했다. 흔히 위인전이라고 하는 책들, 한 인물에 대한 책들은 거의 읽지 않는 아이들이었는데, 이번 활동을 통해 재미있게 읽고 이야기를 나눌 수 있었다. 뿐만 아니라 가치를 찾아 내면서 읽다 보니 책을 깊이 있게 읽을 수도 있었다.

**학생**

🖊 장기려 박사님은 너무 훌륭한 분이신 것 같다. 나는 의사라는 직업에 대해 별로 생각을 안 해 봤는데, 이 책을 본 후에 의사라는 직업이 참 대단하다는 생각을 했다. 나도 열심히 공부해서 이런 멋진 사람이 되고 싶다는 생각을 했다.　　　　　　　　　　　이○성

🖊 나만의 가치를 찾는 게 무척 힘들었지만 평소에 별로 생각해 보지 않았던 새로운 낱말에 대해서 많이 배웠다.　　　　　　윤○선

🖊 나는 커서 어떤 직업을 골라야 하는지에 대해서는 생각해 보았지만 그 직업에서 어떤 가치가 있다는 것을 생각해 본 적이 없었는데, 이 활동을 통해 직업에는 중요한 가치들이 있다는 걸 배웠다.　하○우

# 직업 속에 숨겨진 가치

## 조앤 롤링
## 상상력과 희망으로 꿈을 이뤄라

김유리 글, 정수연 그림/ 살림어린이/ 2008

해리 포터의 작가 조앤 롤링이 어려움 속에서도 포기하지 않고 끝까지 노력하여 꿈을 이루는 과정을 잘 보여 주는 책이다. 아이들에게 자신의 꿈을 이루어 나가기 위해서 어떠한 마음가짐을 가져야 하는지 보여 준다.

## 바보 의사 장기려 성자가 된 옥탑방 의사

강이경 글, 권정선 그림/ 우리교육/ 2006

평생을 한 가지 일이나 뜻에 바쳐 온 우리네 할아버지, 할머니 들이 살아오신 이야기를 담고 있다. 우리 인물 이야기 시리즈 중 다섯 번째 책으로, 한국의 슈바이처 장기려 박사의 삶을 다루고 있다.

# 그래서 이런 직업이 생겼대요

우리누리 글, 송진욱 그림 / 길벗스쿨 / 2014

직업을 7개의 분야로 나누어 80개의 직업이 생겨난 이야기와 그 직업이 하는 일이 담겨 있다. 4컷 만화와 함께 직업이 아이들의 눈높이에 맞게 소개되어 있어 직업에 대한 흥미를 높여 준다. 또한 직업의 변천과 미래 유망 직업을 소개하고 있어 미래의 직업을 예측해 볼 수 있도록 하고 있다.

# 새로운
# 직업을
# 만들어 보자!

**사회가 변화함에 따라** 직업도 함께 변화한다. 직업의 변화에 대한 이해를 높이기 위해 직업이 생겨난 당시의 배경을 알아볼 수 있다. 또한 최근에 생겨난 직업에 대해 알아보면서 현재 우리 사회를 이해하고 미래에 어떤 직업이 생겨나게 될지 예상할 수 있다.

새로운 직업을 만드는 과정은 자신의 진로를 주어진 직업 중에서 선택하는 수동적이고 한정적인 틀에서 벗어나게 한다. 미래의 직업에 대한 창의적인 상상력을 통해 앞으로의 다양한 직업 세계를 개척해 나갈 수 있게 한다.

## 직업이 생겨나게 된 배경을 알아요

『그래서 이런 직업이 생겼대요』는 비슷한 직업군을 묶어 7장으로 구성되어 있다. 아이들을 3~5명씩 7모둠으로 나누고, 각 직업군에 대한 전문가 집단으로 직업을 탐구하도록 한다.

탐구 내용으로는 '이 직업이 생겨나게 된 배경', '이 직업이 하는 일', '이 직업을 갖기 위해 필요한 것(능력)'으로 세분화한다. '개인→모둠→전체'로 탐구 내용을 서로 이야기한다.

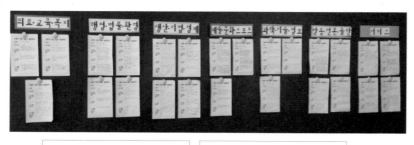

　모둠별로 위와 같은 40장의 낱말 카드를 제시한다. 제시한 낱말 카드 중 10개의 낱말 카드를 미래와 관련된 내용으로 바꾸어 보게 한다.

| 제시된 카드 | | | | | 미래와 관련된 카드 | |
|---|---|---|---|---|---|---|
| 가르치다 | 요리하다 | 음악 | 분석하다 | | 심사하다 | 친환경 |
| 만들다 | 바느질 | 정리하다 | 관찰하다 | | 기술 | 에코 |
| 연설하다 | 안내하다 | 이동하다 | 우주 | | 로봇 | 개발하다 |
| 듣다 | 조작하다 | 공부하다 | 사냥하다 | | 조작하다 | 여행하다 |
| 탐험하다 | 쓰다 | 춤추다 | 조종하다 | | 치료하다 | 오염 |

　낱말 카드 중 두 개의 카드를 선택하여 각각 브레인라이팅을 한다. 브레인라이팅을 통해 각 낱말로 떠올릴 수 있는 일이나 직업을 생각해 본다.

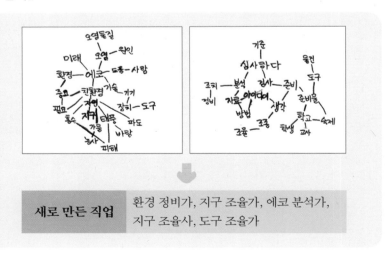

| 새로 만든 직업 | 환경 정비가, 지구 조율가, 에코 분석가, 지구 조율사, 도구 조율가 |
|---|---|

브레인라이팅으로 나온 각 낱말과 관련된 생각들을 서로 조합해 보면서 새로운 일이나 직업을 만들어 보게 한다. 같은 낱말을 뽑은 사람이 있더라도 각 낱말에 대한 생각이나 관심이 다르므로 다양한 일이나 직업이 만들어질 수 있다. 일과 직업에 대한 이해를 통해 선입견이 아닌 창의적으로 직업을 선택하고 바라볼 수 있는 시선을 갖도록 한다.

## 새로 만든 직업을 소개해요

새로 만들어진 직업을 그림으로 간단히 소개하고 '이 직업을 만들게 된 이유', '이 직업이 하는 일', '이 직업을 갖기 위해 필요한 것(능력)'으로 나타내어 보도록 한다.

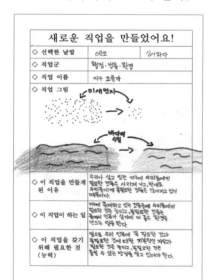

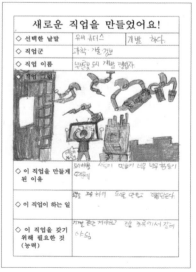

자신이 새롭게 만든 직업을 친구들 앞에서 소개하고, 다른 친구들이 새롭게 만든 직업에 대해 들어 본다. 또 직업군별로 전시하여 비교해 볼 수 있도록 한다.

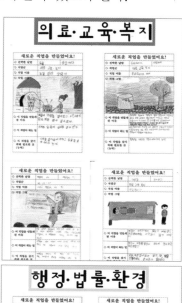

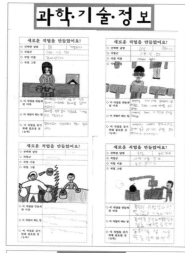

### 교사

아이들에게 장래 희망이 무엇이냐고 물어보면 대부분 '연예인', '운동선수'와 같은 뻔한 답이 나오곤 한다. TV 등의 매체를 통해 많이 접하는 그럴 듯한 직업이고, 또 돈과 유명세가 그 이유일 것이다. 하지만 아이들과 함께 직업이 생겨나게 된 배경을 알아보고, 또 새로운 직업을 만들어 보는 과정 속에서 연예인, 운동선수는 물론 돈과 명예와 같은 내용은 찾아볼 수가 없었다. 그들이 꿈꾸는 미래 속에서 자신의 적성과 흥미에 맞는 직업들이 하나씩 영글어 갔을 뿐이다. 앞으로도 직업에 대한 이런 순수함을 잃지 않고 자신만의 직업으로 꽃피울 수 있는 사람으로 커 나가길 기대해 본다.

### 학생

전에는 잘 알지 못했던 다양한 직업에 대해 자세하게 알 수 있어서 좋았다.                                                          이○민

내가 좋아하고 잘하는 것으로 만들어 본 직업을 미래에 꼭 할 수 있었으면 좋겠다.                                                          박○민

직업에 대한 단어들에 대해 떠올리면서 평소에 떠올리지 못한 것들에 대해 다양하게 생각할 수 있는 기회가 되었다.         우○원

우리가 생각한 직업들이 미래에 현실이 되어 이루어졌으면 좋겠다.                                                          권○지

# 새로운 직업을 만들어 보자!

## 어린이를 위한 미래 직업 100

최정원 · 정미선 글, 정지혜 그림 / 이케이북 / 2013

'미래 직업'이란 이름으로 미래에도 여전히 유망할 직업들과 미래에 새롭게 등장할 직업들을 소개한다. 직업관을 형성해 나가는 아이들이 이 책을 통해 다양한 직업의 세계를 엿보고, '내가 이 직업을 갖는다면……'이라는 상상으로 미래를 그려 볼 수 있다.

## 10살에 떠나는 미래 세계 직업 대탐험

한상근 글, 최상규 그림 / 주니어중앙 / 2010

미국, 캐나다, 일본 등의 선진국에서 앞으로의 발전 가능성을 염두에 두고 추천한 유망 직업 100개를 선별하여 구성한 책이다. 글로벌 인재들의 생생하고 현장감 넘치는 인터뷰를 함께 수록하여 아이들이 자신의 꿈과 목표를 구체적으로 정하고 준비하는 데 좋은 바탕 지식이 된다.

가자 직업 속으로

# 진로 체험 04

꿈에 날개를 달아 주는 진로독서

# 아씨방 일곱 동무

이영경 글 · 그림 / 비룡소 / 1998

「규중칠우쟁론기」라는 고전문학을 아이들이 읽기 쉽게 다시 쓴 책이다. 바느질을 좋아하는 빨간 두건 아씨와 '자, 가위, 바늘, 실, 골무, 인두, 다리미'가 서로 자기 역할이 최고라고 다툰다. 결국에는 모두가 서로 도와야만 바느질이 이루어질 수 있다는 것을 깨닫게 해 준다. 정감 어린 색감과 구수한 옛 이야기는 잔잔한 추억과 향수를 불러일으킨다.

# 그림책
# 작가를
# 만나다

　책을 쓴 작가를 직접 만나서 궁금했던 것을 물어보고 함께 이야기 나눌 수 있는 시간을 가질 수 있다는 것은 소중한 경험이다.

　독서는 아이들에게 '책'이라는 나침반을 들고 미지의 세계를 탐험하고, 새로운 세상을 꿈꾸도록 하는 여행길이다. 이 여행길에서 책을 쓴 작가와 공감하고 교감하는 과정은 참으로 중요하다. 작가와의 만남을 통해 책에 대해 이야기 나누는 일은, 꼭 작가나 시인이 꿈이 아니더라도 자신의 꿈을 탐색하고 다시 새롭게 꿈을 키울 수 있는 값진 진로 체험이 될 수 있다.

**준비물** | 아씨방 일곱 동무 캐릭터, 색 A4 용지 2가지 색깔 각 1장씩, 가위, 풀, 색연필, 사인펜, 필기구

## 『아씨방 일곱 동무』 책을 읽어요

작가 초청 강연회를 위해 읽어야 할 책을 미리 소개하고 안내하여 소중하고 의미 있는 경험이 되게 해야 한다. 그림책은 읽어 주거나 함께 읽기를 통해 책 속 내용을 이야기해 보는 것이 좋다.

- 우리가 만나게 될 작가님은 누구인가요?
- 작가님이 내신 책은 어떤 것이 있나요?
- 읽어 본 적이 있는 책은 있나요?
- 『아씨방 일곱 동무』의 일곱 동무는 누구누구인가요?
- 인두, 골무가 하는 일은 어떤 것인가요?

## 질문을 만들어요

책을 읽고 나서 책 속 주인공에게 말 걸기, 인상 깊었던 사건을 다시 떠올려 보기, 이야기의 흐름에 대한 질문하기, 줄거리를 쓰게 된 이유 알아보기, 궁금한 점 적어 보기 등은 책 속 내용을 따져 읽게 만들고 깊이 읽게 한다.

질문 만들기가 서툴거나 익숙하지 않으면 혼자보다는 모둠별로 함께 질문을 만들어 보게 한다. 생각을 모아 보면 아무래도 풍성한 질문, 엉뚱하지만 재미있는 질문들이 쏟아져 나올 수 있다.

- 작가님이 쓰신 책 중에서 가장 아끼고 좋아하는 책은 어떤 것인가요?
- 작가님이 아씨라면 일곱 동무 중 누가 가장 중요하다고 생각하나요?
- 일곱 동무들이 어떻게 하면 사이좋게 지낼 수 있을까요?

궁금해요!!!

♥ 작가님이 쓰신 책 중에서 가장 아끼고 좋아하는 책은 어떤 것인가요?

MEMO

책의 저자가 학교에 오다!! (2탄)

이영경 작가와의 만남

일시 : 2014년 7월 8일 화요일

시간 : 오후 12시 ~ 오후 2시

장소 : ○○초등학교 강당

리플렛 겉지

아이들의 질문을 '궁금해요!!!' 란에 미리 적어 두면 좋다.

작가와의 만남 순서

1. 작가 소개
2. '넝쿨찬' 작가 이야기
3. '아씨랑 일곱동무' 작가 이야기
4. 다른 그림책 이야기
5. 궁금해요
6. 일곱동무 연필꽃이 만들기
7. 소감 나누기
8. 작가님과 함께 창작!
9. 작가 사인회
10. 정리하기

이영경 작가님의 대표작

리플렛 속지

## 작가님을 만나 이야기 나누어요

　　작가를 직접 만나서 이야기 듣고 질문하는 시간은 아이들의 책 읽기를 깊어지게 만들며, 다양한 분야의 전문가 또는 작가로의 꿈을 실현하고 키우는 소중한 경험이 된다.

## 일곱 동무 연필꽂이를 만들어요

　　그림책에 나오는 일곱 동무 캐릭터를 넣은 연필꽂이를 완성해 본다.

| 연필꽂이 구조 설명하기 | → | 연필꽂이 전개도의 밑면과 옆면을 붙이기 | → | 캐릭터 오리고 색칠하여 완성하기 |
|---|---|---|---|---|

### 밑면 + 옆면 + 일곱 동무 캐릭터 = 연필꽂이

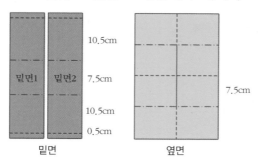

밑면1　밑면2

10.5cm
7.5cm
10.5cm
0.5cm

밑면

옆면

7.5cm

일곱 동무 캐릭터

밑면을 겹쳐 놓기

옆면과 밑면 붙이기

옆면 틀에 밑면 끼우기

## 재미있게 활동했어요

연필꽂이 만들기

캐릭터 색칠하기

완성하기

작가님 사인 받기

작가님과 기념 촬영하기

## 이렇게 느꼈어요

**교사**

작가를 만나서 얘기 듣고 궁금한 것을 물어보며 준비한 책에 사인을 받았던 경험은 시간이 지날수록 더 소중하게 기억될 수 있다. 연예인에게 사인을 받는 기쁨 이상으로 아이들 한 명 한 명의 마음속에 남아 책을 좋아하고, 작가라는 직업에 관심을 갖는 어른이 되는 원동력이 될 것이라 믿는다. 또한 아이들도 자신이 꿈꾸는 분야에서 책을 통해 전문성을 쌓거나 직접 책을 출판해 볼 수 있는 꿈을 갖게 하는 기회를 얻게 되리라 기대한다.

**학생**

🖊️이영경 작가님을 만나서 이야기도 듣고, 사인도 받고, 연필꽂이도 만들게 되어 좋다. 다음에도 우리 학교에 오시면 좋겠다.　박○호

🖊️아씨방 일곱 동무를 오려서 연필꽂이에 붙여 보니, 정말 내 친구가 7명 생긴 것 같아 이상하다. 소중한 내 연필꽂이!　정○연

🖊️『넉 점 반』 그림책을 읽어 주셔서 좋았다. 작가님이 쓰신 책이 정말 많다. 존경스럽다.　장○선

🖊️환하게 우리들을 반겨 주시는 작가님이 엄마 같다. 책 읽어 주는 엄마 같다.　손○지

# 그림책 작가를 만나다

## 넉 점 반

윤석중 시, 이영경 그림 / 창비 / 2004

엄마가 몇 시인지 알아보고 오라고 아이를 가겟집에 심부름 보낸다. 닭, 개미, 잠자리, 분꽃에 정신이 팔려서 아이는 해가 꼴딱 져서야 결국 집으로 돌아온다. 단순한 이야기이지만, 아이의 천진스럽고 귀여운 모습은 잔잔한 향수를 자아낸다.

## 주먹이

서정오 글, 이영경 그림 / 삼성출판사 / 2012

아기를 간절히 바라는 한 부부의 오랜 바람 끝에 주먹이가 태어난다. 정말 주먹만했던 주먹이는 아버지를 따라 낚시터에 가게 되고, 거기서 길을 잃는다. 낚시터에 혼자 남게 된 주먹이가 헤매면서 온갖 모험을 겪게 되는 이야기를 담고 있다.

# 진로 체험

　　KDC는 한국십진분류법에 의해 학문의 영역을 000(총류), 100(철학), 200(종교), 300(사회과학), 400(순수과학), 500(응용과학), 600(예술), 700(언어), 800(문학), 900(역사) 등 10개의 주제에 따라 분류하고 있다. 따라서 진로 체험 추적놀이는 10개 영역의 롤모델을 정하고, 그에 맞는 체험을 할 수 있는 활동이다. 진로 체험 추적놀이에 활용한 책은 영역별로 상황에 맞게 새로 구성할 수 있다.

# KDC의
# 세계로
# 떠나자

　진로 체험 추적놀이는 10개 분야의 다양한 직업 세계를 알고 자기의 적성과 관심 있는 진로 분야에 대한 호기심을 자극하여 스스로 자신의 진로를 계획하고 꿈꾸게 해 준다는 점에서 큰 의의가 있다. 즉, 내가 누구인지, 내가 좋아하는 일은 무엇인지, 내가 잘 할 수 있는 것은 무엇인지 진로 체험 추적놀이를 통해 느끼고 더듬어 볼 수 있게 해 준다. 특히 롤모델이 걸어온 길을 생각해 보면서 자신의 진로를 고민해 볼 수 있는 기회가 된다.

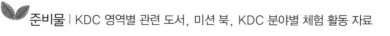
준비물 | KDC 영역별 관련 도서, 미션 북, KDC 분야별 체험 활동 자료

## KDC 분야별 책을 읽어요

KDC를 이용한 진로 체험 추적놀이는 진로 교육과 독서 교육을 접목하여 만든 진로 체험 활동이다. 그래서 반드시 사전에 학교도서관 방문 및 책 읽기를 통한 KDC 분야별 책을 찾아보고, 또 읽어 보면서 관련 인물들을 알아보고 참여하는 것이 필요하다.

물론 여기서 보여 주는 인물 외에 분야별 다른 롤모델을 정해서 활동해도 무방하며, 아이들이 좋아하는 인물들을 정하면 더욱 좋다.

| 종류 | 철학 | 종교 | 사회과학 | 순수과학 |
|:---:|:---:|:---:|:---:|:---:|
| **000**<br>안철수 | **100**<br>소크라테스 | **200**<br>이태석 | **300**<br>반기문 | **400**<br>아인슈타인 |

| 기술과학 | 예술 | 언어 | 문학 | 역사 |
|:---:|:---:|:---:|:---:|:---:|
| **500**<br>에드워드 권 | **600**<br>박지성 | **700**<br>유재석 | **800**<br>김려령 | **900**<br>유홍준 |

## 행복바이러스 안철수

000(총류)

안철수 글, 원성현 그림 / 리젬 / 2009

서울대 의대 박사 과정 중에 '브레인 바이러스'를 만난 안철수는 밤을 새워 바이러스를 퇴치할 백신 프로그램을 개발한다. 자신의 어린 시절 이야기를 통해 학생들에게 꿈을 갖고 해 보고 싶은 일에 도전할 수 있도록 용기를 준다.

## 소크라테스의 변명, 진리를 위해 죽다

100(철학)

안광복 글 / 사계절 / 2004

그리스의 철학자 소크라테스가 신을 믿지 않고 젊은이들을 타락시킨다는 것에 대한 변론과 논리. 준엄한 꾸짖음은 진리와 정의가 무엇인지, 그에 따라 올바른 삶을 산다는 것이 무엇인지를 깊이 생각하게 한다.

## 친구가 되어 주실래요?

200(종교)

이태석 글 / 생활성서 / 2013

'사제'라는 신분을 넘어 평범한 이웃의 한 사람으로, 아픈 곳을 치료해 주는 의사로, 그리고 악기와 즐거운 노래를 가르치는 음악 선생님으로, 가난한 이들의 친구로 살아가는 저자의 체험이 담긴 이야기이다.

## 바보처럼 공부하고 천재처럼 꿈꿔라

**300**(사회과학)

반기문 글 / 크레용하우스 / 2012

반기문 총장의 성장 과정에 대한 이야기를 통해 청소년들에게 꿈과 희망을 전한다. 또한 최선을 다하는 하루하루를 사는 것이 중요함을 느끼게 해 준다.

## 아인슈타인과 과학 천재들

**400**(순수과학)

조승연 · 앤드 스튜디오 글, 김형근 그림 / 주니어중앙 / 2009

히포크라테스, 갈릴레이, 케플러, 뉴턴, 라부아지에, 다윈, 파스퇴르, 플랑크, 아인슈타인, 왓슨 등이 나온다. 이 책은 이들을 통합적인 관점에서 분석하고 있어 새로운 관점으로 과학자들을 보게 한다.

## 1대 100 요리 에드워드 권

**500**(기술과학)

서지원 글, 문수민 그림 / 스콜라 / 2013

어린이 눈높이에 맞는 요리에 대한 지식 정보를 알려 주고 속 시원히 풀어 주며, 요리사의 꿈을 키워 주는 책이다.

## 더 큰 나를 위해 나를 버리다

**600**(예술)

박지성 글 / 중앙북스 / 2010

박지성 선수의 축구 이야기와 인생 이야기를 담고 있다. 최고가 되겠다는 생각보다는 자신만의 강점으로 무장한 '유일한' 프로페셔널이 되어야만 성공할 수 있다는 것을 알려 준다.

## 일인자 유재석

**700**(언어)

김영주 글 / 이지북 / 2012

국민 MC이자 언어의 마술사인 유재석이 어떻게 오랜 무명 세월을 극복하고 스타가 되었는지 들려준다. 예능의 정석이 되기 위해 노력한 과정을 담고 있다.

## 완득이

**800**(문학)

김려령 글 / 창비 / 2008

난쟁이 아버지와 베트남에서 온 어머니 등 다문화 가정에서 태어난 완득이는 세상과 온몸으로 부딪쳐 자신만의 길을 찾아간다. 냉혹한 현실 속에서 '희망'이라는 감동적인 이야기를 전해 준다.

## 나의 문화유산답사기

**900**(역사)

유홍준 글 / 창비 / 2012

제1권부터 제7권까지의 국내편 답사기는 전국 각지의 문화유산을 소개하면서 문화유산의 가치와 의의를 저자 특유의 입담과 안목으로 새롭게 조명하고 있다.

## 2면 접기책을 만들어요

진로 체험 추적놀이 미션 북은 2면 접기를 이용하여 만들 수 있다.

진로 체험 추적놀이
### - 나만의 추적놀이 지도를 만들어 보자!

1. 10개의 미션 장소에 가서 미션을 수행하라!
2. 스티커를 받아서 발바닥에 붙여라!!
3. 10개의 미션을 다 수행한 여러분은 미래의 진정한 주인공!!!

------------------------------ 절취선 ------------------------------

우와! 출발이다!
→

🐢 돌 위에 내가 참여한 차례대로 추적 놀이도 쓰고, 확인 발자국도 남겨 보세요.

2

3

4

1

5

도착이다!

6

10    9    8    7

# 2면 접기책 만들기

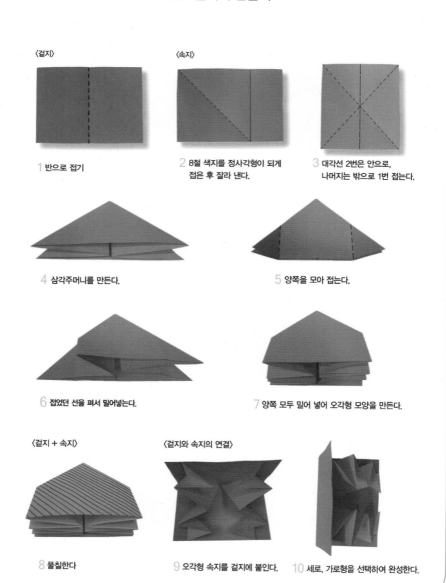

〈겉지〉

1 반으로 접기

〈속지〉

2 8절 색지를 정사각형이 되게 접은 후 잘라 낸다.

3 대각선 2번은 안으로, 나머지는 밖으로 1번 접는다.

4 삼각주머니를 만든다.

5 양쪽을 모아 접는다.

6 접었던 선을 펴서 밀어넣는다.

7 양쪽 모두 밀어 넣어 오각형 모양을 만든다.

〈겉지 + 속지〉

8 풀칠한다

〈겉지와 속지의 연결〉

9 오각형 속지를 겉지에 붙인다.

10 세로, 가로형을 선택하여 완성한다.

한국십진분류법(KDC-Korea Decimal Classification)에 의한 진로 체험 추적놀이의 미션 수행 방법 및 진행은 다음과 같다.

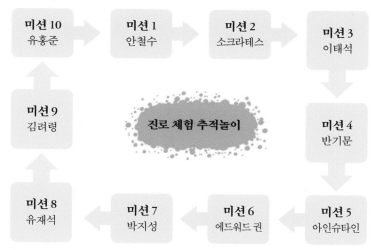

진로 체험 추적놀이 지도

- 팀별 인원은 10명 이하로, 학년별·학교별 상황에 따라 유연하게 구성하면 된다.
- 미션 수행 시간은 한 코너에서 15~20분으로, 총 150~200분 정도로 진행한다.
- 여러 팀이 같은 코너에서 동시에 시작할 수 없으므로 팀별로 시작하는 미션을 달리하여 되도록이면 여러 팀이 같은 코너에서 중복되어 만나지 않도록 세심하게 순서를 정해야 한다.

  예 첫 번째 팀 : 1→2→3→4→5→6→7→8→9→10
  두 번째 팀 : 3→4→5→6→7→8→9→10→1→2
  세 번째 팀 : 5→6→7→8→9→10→1→2→3→4

- 한 미션을 수행하고 다른 장소로 옮겼을 때, 이미 다른 팀이 진행을 하고 있으면 조용히 대기하면서 기다릴 수 있도록 한다.
- 미션이 이루어지는 장소는 교실, 복도 또는 특별실 등 학교에서 미션을 수행할 만한 공간이 확보되는 곳이면 어디든지 가능하다.
- 코너를 이동하는 과정에서 팀 구성원이 뛰거나 밀지 않도록 안전 지도한다.
- 미션 장소의 자리 배치는 모둠 형태가 좋으며, 10명 단위로 길게 배치한다.

　　진로 체험 추적놀이를 원활하게 진행하기 위해서는 코너 안내판과 각 코너의 준비물을 동시에 생각하고 계획해야 한다. 진로 체험 추적놀이 10개 코너별 준비물은 다음과 같다.

| 순 | 롤모델 | 미션 수행 방법 | 준비물 |
|---|---|---|---|
| 1 | 안철수 | • 주어진 문제를 읽는다.<br>• 정보 검색을 통해 답을 찾는다. | 정보 검색 활동지,<br>필기구, 지우개 |
| 2 | 소크라테스 | • 명언이나 좌우명을 고른다.<br>• 고른 것을 쓰거나 붙인다.<br>• 책갈피를 완성한다. | 8절 색지, 색연필,<br>사인펜, 코팅지,<br>가위, 명언 자료,<br>캐릭터 자료 |
| 3 | 이태석 | • 이태석 신부 이야기를 들려준다.<br>• 소감을 한마디씩 나눈다.<br>• 포스트잇에 적어 붙인다. | 책 5권, 전지, 포스트잇 |
| 4 | 반기문 | • 전체 그림을 확인한다.<br>• 협동하여 퍼즐을 맞춘다.<br>• 퍼즐을 완성한다. | 압축 우드락,<br>반기문 사진 |
| 5 | 아인슈타인 | • 나만의 별자리를 그린다.<br>• 색연필이나 스티커로 꾸민다.<br>• 이름을 붙인다. | 검은 도화지(12×12),<br>색연필, 사인펜,<br>별 또는 점 스티커,<br>CD 종이 봉투 |

| 순 | 롤모델 | 미션 수행 방법 | 준비물 |
|---|---|---|---|
| 6 | 에드워드 권 | • 비스킷을 하나씩 받는다.<br>• 예쁘게 장식해 본다<br>• 기념 촬영을 한다. | 크래커, 토마토케첩,<br>마요네즈, 건포도,<br>방울토마토, 1회용 접시 |
| 7 | 박지성 | • 원을 그린다.<br>• 협동하여 풍선을 주고받는다.<br>• 일정 시간 동안 협동 축구를 한다. | 풍선, 호루라기 |
| 8 | 유재석 | • 5권의 책을 배열해 둔다.<br>• 책 제목에서 한 단어씩 골라 새로운<br>  낱말을 만든다.<br>• 발표하여 적는다. | 책 5권씩 5세트,<br>4절지 |
| 9 | 김려령 | • 첫 문장을 무작위로 뽑는다.<br>• 한 문장씩 이어 간다.<br>• 마지막 사람은 제목을 짓는다. | 전지, 유성 매직,<br>첫 문장 자료 20개 |
| 10 | 유홍준 | • 사진이나 설명을 보여 준다.<br>• 힌트를 준다.<br>• 세계문화유산을 맞힌다. | 국내외 문화유산 사진<br>각 10개와 자료 |

## 재미있게 활동했어요

코너별로 진로 체험 활동을 안내하기 위해 만든 것으로, 반드시 체험 활동을 하기 전에 롤모델의 발자취를 살펴보는 것은 의미 있는 일이다.

## 000 총류

000(총류) 분야 체험 활동이다. 컴퓨터 백신을 개발한 안철수가 롤모델인데, 모든 학문의 기초가 되는 도서관학, 서지학, 백과사전 등에서 롤모델을 찾으면 된다.

여기서는 컴퓨터를 이용한 정보 검색을 통해 총류가 지닌 의미를 맛보게 할 수 있다.

| 컴퓨터 박사 | |
| --- | --- |
| 안 철 수 |  |

**학력**
- 서울대학교 대학원 의학박사
- 펜실베이니아대학교 와튼스쿨 경영학석사

**경력**
- 서울대학교 융합과학기술대학원 원장
- 안랩 이사회 의장, CLO

**수상 내역**
- 제4회 한국공학기술상 젊은공학인상
- 제1회 대한민국 SW 사업자 대상 경영부문 최우수상

### 진로 체험 추적놀이 1

주어진 문제를 읽는다. → 컴퓨터를 통한 정보 검색을 한다. → 가장 적합한 답을 찾아 적는다. → 미션 수행 확인 스티커를 받는다.

100(철학) 분야에서는 소크라테스나 플라톤 같은 세계적인 철학자를 롤모델로 정해서 체험 활동을 진행한 모습이다. 청소년들이 좋아하거나 관심 있는 국내 철학자 중에 롤모델을 정해서 하면 더욱 좋을 것이다.

| 생각하는 철학자 | |
| --- | --- |
| 소크라테스 |  |

**어떤 분일까?**
-기원전 5세기경 활동한 고대 그리스의 대표적인 철학자
**철학적 사상**
-문답법을 통한 깨달음, 무지에 대한 자각, 덕과 앎의 일치를 중시
-소크라테스의 저작은 없으나 그의 사상은 플라톤이나
  아리스토텔레스의 저작에 나타남.
**그가 남긴 명언**
-너 자신을 알라.
-무지를 아는 것이 곧 앎의 시작이다.

**진로 체험 추적 놀이 2**

명언이나 좌우명을 고른다. → 원하는 캐릭터를 찾는다.
→ 명언과 캐릭터를 쓰거나 붙인다. → '생각통통 책갈피'를
완성한다. → 미션 수행 확인 스티커를 받는다.

200(종교) 분야에서는 이태석 신부 이야기를 들려주거나 〈울지마, 톤즈!〉 영화를 함께 보고 진로 체험 추적놀이를 할 수 있다. 이때, 종교 지도자 중 아이들이 존경하는 분을 롤모델로 정하여 유연하게 진행한다.

| 사랑의 메신저 | |
|---|---|
| 이 태 석 |  |

**학력**
－인제대학교 의학 학사
－광주가톨릭대학교 신학
**경력**
－아프리카 수단에서 병원과 학교 설립, 원주민 위해 헌신
**수상 내역**
－국민훈장 무궁화장
－제1회 KBS 감동대상 대상
－제2회 한미 자랑스런 의사상
－제23회 보령 의료 봉사상
－제7회 인제인성대상 특별상
**작품과 저서**
－〈묵상(默想)〉 작곡, 『친구가 되어 주실래요』 출간

### 진로 체험 추적놀이 3

이태석 신부 이야기를 듣는다. → 생각이나 소감을 나눈다. → 마인드맵을 완성한다. → 미션 수행 확인 스티커를 받는다.

　사회과학(300) 분야의 롤모델은 다양하게 찾을 수 있다. 참여하는 아이들의 연령을 고려하여 아이들이 동일시하여 본받고 싶은 분이나 만나고 싶은 분을 정하면 아이들의 관심을 높일 수 있다.

| 노련한 협상가 | |
| --- | --- |
| 반 기 문 |  |
| **학력**<br>−모스크바 국립 국제관계대학교 명예박사<br>−하버드대학교 대학원 행정학 석사<br>−서울대학교 외교학 학사<br>**경력**<br>−제8대 UN 사무총장<br>−제33대 외교통상부 장관<br>−외교부 본부 대사<br>**수상 내역**<br>−탁월한 국제지도자상<br>−국민훈장 무궁화장<br>−제6회 자랑스런 한국인 대상 최고대상 | |
| **진로 체험 추적놀이 4** | |
| 인물의 업적을 듣는다. → 전체 그림을 확인한다. → 협동하여 퍼즐을 완성한다. → 미션 수행 확인 스티커를 받는다. | |

　발명가 에디슨도 이 분야의 롤모델이 될 수 있으며, 한국의 과학자나 식물학자, 동물학자 등이 이 분야에 속한다. 간단한 과학 실험이나 과학 탐구 활동 또한 재미있는 체험 활동이 될 수 있다.

| 세기의 물리학자 | |
| --- | --- |
| 아인슈타인 |  |

**학력**
–스위스국립공과대학
**경력**
–미국 프린스턴 고등연구소 교수
–아인슈타인 반전기금 설립
–영국 옥스퍼드대학교 교환 교수
–일반 상대성 이론 발표
–독일 베를린대학 교수
–스위스 취리히 연방공과대학 교수
–광양자설, 브라운운동의 이론, 특수 상대성 이론 연구 발표
**수상 내역**
–노벨 물리학상

**진로 체험 추적놀이 5**

나만의 별자리를 구상한다. → 스티커를 붙이고 색연필로 그린다. → 별자리 이름을 붙여 적는다. → 미션 수행 확인 스티커를 받는다.

　최근 많은 아이들의 인기를 받고 있는 요리사가 이 분야에 속한다. 특히 제빵사나 바리스타, 쇼콜라티에 등 맛과 모양을 창조하는 직업들이 모두 롤모델이 될 수 있다.

| 맛의 연구가 | |
|---|---|
| 에드워드 권 |  |
| **학력**<br>-영동전문대학 호텔조리학과<br>**경력**<br>-대전세계조리사대회 홍보대사<br>-이케이푸드 대표이사<br>-서울 G20 정상회의 성공 기원 스타 서포터즈<br>-버즈 알 아랍 호텔 수석 총괄 주방장<br>-한국관광공사 한국관광 명예홍보대사<br>-두바이 페어몬트호텔 수석 총괄 주방장<br>**TV 출연**<br>-드라마 〈신들의 만찬〉 출연 | |
| **진로 체험 추적놀이 6** | |
| 여러 가지 재료를 확인한다. → 협동하여 카나페를 만든다.<br>→ 기념 촬영을 한다. → 미션 수행 확인 스티커를 받는다. | |

600(예술) 분야에서 가장 많이 할 수 있는 것이 미술과 관련된 다양한 활동들이다. 아이들이 좋아하는 스포츠 분야 또한 여기에 속하며, 축구뿐만 아니라 간이 야구·간이 농구 등을 체험으로 할 수 있다.

| 축구 천재 | |
| --- | --- |
| 박 지 성 |  |

학력-명지대학교 대학원 체육학
경력
-2012 여수세계박람회 홍보대사
-제15회 AFC 아시안컵 축구 국가대표
-제19회 남아프리카 공화국 월드컵 명예리저브 선정
-2022 월드컵 유치위원회 홍보대사
-제18회 독일 월드컵 국가대표
-아시안컵 국가대표/제17회 한일 월드컵 국가대표
-제27회 시드니 올림픽 축구 국가대표
수상 내역 및 저서
-미국 프로 축구 리그 올스타전 MVP
-대한축구협회 올해의 선수상
-『나를 버리다』 외 7권

### 진로 체험 추적놀이 7

모둠원이 손을 잡아 원을 만든다. → 협동하여 풍선 주고받기를 한다.
→ 5분 동안 협동축구를 한다. → 미션 수행 확인 스티커를 받는다.

친근한 MC나 아나운서 등이 이 분야의 롤모델이 될 수 있다. 언어의 마술사가 되기 위한 체험으로, 발음이 어려운 낱말 연이어 소리내기 · 즉흥적으로 단어 만들기 · 나무젓가락 물고 문장 읽기 등이 있다.

| 언어의 마술사 | |
| --- | --- |
| 유 재 석 |  |

**학력**
–서울예술대학 방송연예학 중퇴
**진행 프로그램**
–〈무한도전〉, 〈런닝맨〉, 〈해피투게더〉
**수상 내역**
–SBS 연예대상 대상
–MBC 방송연예대상 남자 최우수상
–SBS 연예대상 예능 10대 스타상
–MBC 방송연예대상 대상
–MBC 우리말 지킴이 나무상
–제21회 한국PD대상 TV 진행자 부문상 외 다수

**진로 체험 추적놀이 8**

5권의 책 제목에서 한 단어씩 고른다. → 새로운 낱말을 만든다. → 만든 낱말을 포스트잇에 적어 붙인다. → 미션 수행 확인 스티커를 받는다.

800(문학) 분야는 책과 가장 관련이 높은 활동이다. 이 분야의 롤모델 또한 다양하다. 소설가 · 시인 · 그림책 작가 · 동화가 등을 들 수 있으며, 작가와 관련 되는 재미있는 활동을 한다.

| 감동을 주는 소설가 | |
| --- | --- |
| 김 려 령 |  |

**학력**
－서울예술대학 문예창작학
**수상 내역**
－제1회 창비청소년문학상
－제3회 마해송문학상
－제8회 문학동네 어린이문학상 대상
**저서 및 영화**
－『가시고백』, 『그 사람을 본 적이 있나요?』, 『우아한 거짓말』, 『천둥 치던 날』, 『도가니＋완득이』, 『완득이』 / 영화 『완득이』, 『내 가슴에 해마가 산다』

**진로 체험 추적놀이 9**

첫 문장을 무작위로 뽑는다. → 한 문장씩 이어 가며 적는다. → 마지막 사람은 제목을 붙여 적는다. → 미션 수행 확인 스티커를 받는다.

900(역사) 분야는 실제 체험을 통한 우리 역사 바로 알기, 드라마나 영화 감상을 통한 그 시대적 배경과 인물 업적 알기 등 역동감 넘치는 역사 체험으로 구성하여 진행할 수 있다.

| 전통예술 · 역사해설가 | |
| --- | --- |
| 유 홍 준 |  |

**학력**
–성균관대학교 대학원 예술철학 박사
–홍익대학교 대학원 미술사학 석사
–서울대학교 미학과 학사
**경력**
–제3대 문화재청 청장
–문화관광부 2001 지역문화의 해 추진위원회 문화예술기획 추진위원
–한국문화유산답사회 대표
**수상 내역**
–제18회 만해문학상
–제9회 한국간행물윤리위원회 저작 부문 간행물윤리상

**진로 체험 추적놀이 10**

문화유산의 설명과 사진을 제시한다. → 관련 힌트를 준다. → 세계문화유산을 맞힌다. → 미션 수행 확인 스티커를 받는다.

# 활동 속으로 퐁당!

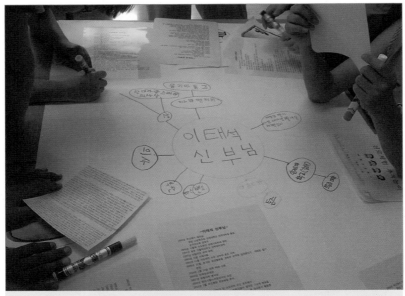

존경하는 이태석 신부님

생각하는 소크라테스

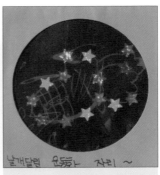

나만의 별자리

노련한 협상가 반기문 총장님

언어의 마술사

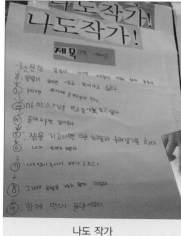

나도 작가

**교사**

공부를 하지 않고 그냥 논다는 것만으로도 아이들에겐 큰 즐거움과 행복을 준 것 같다. 추적놀이를 하는 동안 아이들이 몰랐던 KDC 분야와 그 분야의 롤모델을 알아가는 모습을 보면서 참으로 뿌듯했다. 아이들이 새로운 분야에 대한 관심들을 더 넓혀 갈 수 있었으면 좋겠다.

**학생**

🪶 책의 이름과 지은이의 이름으로 여러 가지의 낱말을 찾는 게 재미있어 인상 깊었다. 책 표지로 이렇게 많은 낱말을 찾을 수 있다는 것도 알았다. 특히 외국인이 책을 지었으면 낱말을 아주 많이, 긴 낱말을 찾을 수 있을 것이다. 그래서 나는 지은이의 이름과 책 표지 제목으로 '크리스탈'이라는 단어도 찾았다. 신기했다.    하○연

🪶 에드워드 권이 제일 신나고 즐겁고 재미있었다. 먼저 야채 크래커에 케첩 & 마요네즈를 조금 뿌리고, 그 위에 방울 토마토를 올리고, 옆에 건포도를 놔두고, 야채 크래커 과자 밑에 오렌지를 잘라 받치면 완성이다. 정말 기억에 생생 남는다.                박○숙

🪶 내가 그 인물이 돼 본 것 같아서 재미있었다. 다음에 다시 한번 더 하고 싶다. 그리고 내가 커서 이 10명의 인물 중 한 인물이 된다면 이 인물들처럼 다른 사람들에게 인정을 받는 사람이 되고 싶다.   고○남

# KDC의 세계로 떠나자

## 왕코딱지의 만점 수학

서지원 글, 박정섭 그림 / 처음주니어 / 2010

코딱지는 수학을 지루해하는 대오에게 수학 문제의 해결사가 되어 준다. 수학보다 코딱지 파는 것을 더 좋아하던 대오가 수학에 재미를 붙여 가는 과정을 '코딱지'라는 소재를 이용해 익살스럽게 그려 낸 수학 동화이다.

## 미술관에 간 윌리

앤서니 브라운 글 · 그림 / 웅진주니어 / 2000

상상력을 재밌는 이야기로 구성해 웃음을 자아내는 유쾌한 책이다. 세계 명화를 패러디한 그림들을 통해 명화에 대한 친근감을 높여 주고, 생활미술이나 창작미술에의 관심을 가질 수 있게 해 준다.

# 십대를 위한 직업 콘서트

이랑 글, 김정진 그림 / 꿈결 / 2012

　시키는 대로 공부만 할 뿐, 정말 자신이 무엇을 하고 싶은지 깊이 있게 고민해 본 적이 없던 아이들이 많다. 이 책은 잘하는 것도 없고, 하고 싶은 것도 없다고 생각하는 아이들에게 삶의 내비게이션과 같은 역할을 해 준다.

　1만 개가 넘는 수많은 직업의 종류와 하는 일들을 살펴보고, 자신이 가야 할 길과 방향을 찾을 수 있게 도와준다. 또한 자신의 적성과 흥미를 바르게 이해하고, 진로와 직업을 아우르는 시각이 필요함을 알려 준다.

# 가자!
# 직업
# 속으로

키자니아는 진로 체험만을 위해 만들어진 대표적인 기관이다. 물론 근교에 살지 않는 이상 이곳에 가려면 시간과 비용이 많이 드는 편이지만, 간접 경험이나 체험을 할 수 있는 훌륭한 시설임에는 틀림없다. 만약 키자니아를 방문할 기회가 주어진다면, 아이들이 그냥 무작정 가는 것보다는 사전에 계획된 진로 탐색의 과정을 맛보고 방문하는 것이 더 유익하다.

키자니아에서 체험할 수 있는 직업은 70개가 넘는다. 키자니아 홈페이지에 들어가면 아이들 개인의 특성에 따라 체험할 수 있는 직업을 일곱 가지로 분류해 두었는데, 이것을 미리 안내해 주면 좋다.

**준비물** | 개인별 적성 검사나 다중지능 검사 결과, 물결책, 카메라, 필기구

## 나를 알아보아요

키자니아 체험을 하기 전에 자기 자신의 특성을 알 수 있는 검사를 해 보는 것은 아주 의미 있는 일이며, 키자니아 체험을 가치 있게 만드는 필수적인 과정이 될 수 있다. 가장 손쉽게 할 수 있는 적성검사로는 커리어넷에서 제공하고 있는 각종 검사(직업적성 및 흥미 검사, 직업가치관 검사, 직업성숙도 검사)·MBTI 간이 검사 등이 있으며, 세밀하고 정밀한 결과를 원한다면 유료 검사 기관의 의뢰를 받아 검사를 하면 된다. 검사 결과는 다양한 가능성을 열어 두고, 발견된 강점은 칭찬해 주며, 약점은 보완해 갈 수 있는 자료로 활용한다.

### MBTI 간이 검사 결과 예시

| 이 름 | 유 형 | 꿈 | 이 름 | 유 형 | 꿈 |
|---|---|---|---|---|---|
| 김○민 | ENTP | 수영 선수 | 윤○하 | ESFJ | 동물 조련사 |
| 김○종 | ENTP | 의사 | 김○연 | ENFP | 마술사 |
| 박○환 | ISTP | 영화감독 | 백○연 | ENTP | 파티시에 |
| 안○우 | ENFP | 첼로리스트 | 손○진 | ESFJ | 소아정신과 의사 |
| 이○준 | ESTJ | 외교관 | 이○서 | ESFJ | 요리사 |
| 하○연 | ENFP | 동굴 전문 사진가 | 옥○영 | ENFJ | 패션 디자이너 |
| 조○원 | INFP | 건축가 | 김○언 | ENTP | 그래픽 디자이너 |
| 이○성 | INFJ | 목수 | 신○정 | ENFP | 음악치료사 |
| 추○훈 | ENFP | 요리사 | 이○슬 | ISFP | 사회복지사 |
| 양○원 | ESTJ | 응급 구조사 | 장○진 | ENFP | 초콜렛티에 |
| 최○준 | ENTJ | 육상 선수 | 하○윤 | ESFJ | 이비인후과 의사 |
| 이○환 | ENTP | 우주비행사 | 박○연 | INTJ | 운동 선수 |
| 김○빈 | ENTP | 고고학자 | 이○주 | ENTP | 출판기획자 |

　키자니아에는 70여 개 이상의 직업 체험관이 있고, 평일 기준으로 한 번 입장하면 5시간 동안 체험할 수 있는 곳이다. 한 체험당 체험 시간은 평균 25~30분 정도이다. 하지만 아이들 식사 시간과 이동 시간 등을 고려한다면 많은 직업을 체험하기에는 충분치 않은 시간이다. 시간이나 비용을 고려한다면 사전에 어떤 체험관을 이용할지 조사한 후에 체험관을 이용하는 것이 좋다. 키자니아 홈페이지에 들어가면 아이들의 특성에 따라 8가지 직업군으로 나누어 체험관을 소개해 둔 자료가 있다. 이것과 직업 관련 책을 활용하여 사전에 조사 활동이 이루어진다면 훨씬 효율적인 체험 활동이 될 것이다.

### 아이들 특성에 따른 8가지 직업군

| 특　성 | 직　　업 |
|---|---|
| 상상력이 풍부하면 ◆ | 요리사, 가구 디자이너, 액세서리 디자이너, 예술가, 작가, 사진작가, 아나운서, 기자, 기상 캐스터, 연예인, 샌드 애니메이터, 마술사, 공연자, 패션 모델, 모바일 디자인 연구소, 실내 건축 설계사, 도너츠 쉐프 |
| 자기 표현력이 뛰어나면 ● | 성우, 예술가, 작가, 사진작가, 외교관, 연예인, 방송인, 마술사, 샌드 애니메이터, 공연자, 패션 모델, 신문기자, 뷰티 컨설턴트, 판사, 변호사 |
| 기계를 좋아하고 활동적이면 ★ | 공기청정기 연구 센터 연구원, 골프 선수, 전기안전 기술사, 수면과학 연구원, 조종사, 사진작가, 엔지니어, 해충 방제 요원, 소방관, 경찰관, 특수 부대원, 정비사, 주유 직원 |
| 탐구심이 많으면 | 수면과학 연구원, 의사, 비타민 연구소 연구원, 과학수사대원, 기술 연구원, 치과 의사, 의사, 밀크마스터, 물 연구소 연구원, |

| 특 성 | 직 업 |
|---|---|
| 경제에 관심이 많으면 | 점원, 계산원, 국세 공무원, 관세 공무원, 카드 센터, 마트, 은행 |
| 만들기를 좋아하면 | 요리사, 가구 디자이너, 액세서리 디자이너, 스낵 개발 센터 연구원, 티 바리스타, 아이스크림 메이커, 음료수 공장 직원, 햄버거 요리사, 제빵사, 작가, 실내 건축 설계사, 라면 마스터, 초콜릿 마스터, 도너츠 쉐프, 건설 코디네이터 |
| 배려심이 많으면 | 응급 구조사, 의사, 약사, 간호사, 백화점 매니저, 호텔리어, 경찰관, 아르바이트 안내소 직원, 치과 의사, 나눔 센터 직원, 뷰티 컨설턴트, 주유 직원, 승무원 |
| 책임감이 강하면 | 전기 안전 기술사, 소방관, 외교관, 경찰관, 과학수사대원, 아르바이트 안내소 직원, 신문기자, 국세 공무원, 집배원, 특수 부대원, 관세 공무원 |

다중지능 검사 결과와 장래 희망을 바탕으로 키자니아 체험 계획을 준비했던 '손○진'의 예시이다.

**인간 친화 지능과 자기 성찰 지능이 높고 꿈이 소아과 의사**
손○진의 키자니아 체험 계획

다음은 기발한 아이디어를 많이 가지고 꿈이 응급 구조사인 '양○원'의 키자니아 체험 계획이다. 상상력 관련 체험과 응급 구조사 관련 체험으로 나누어 각 3가지씩 체험하도록 한 예시이다.

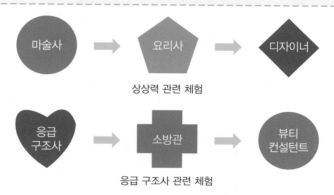

**상상력이 풍부하고 꿈이 응급 구조사**
양○원의 키자니아 체험 계획

마술사 → 요리사 → 디자이너

상상력 관련 체험

응급 구조사 → 소방관 → 뷰티 컨설턴트

응급 구조사 관련 체험

우주 비행사가 꿈인 '이○환'이는 MBTI 검사 결과 ENTP 유형으로 나왔다. 평소 기계를 좋아하고 상상력과 탐구심이 풍부한 점을 감안하여 키자니아 체험 계획을 세웠던 예이다.

**꿈이 우주 비행사이고 ENTP**
이○환의 키자니아 체험 계획

조종사 → 기상 캐스터 → 과학 수사대원

그래서 키자니아 체험 계획을 할 때 아이들이 자신의 특성, 자신의 꿈 등을 충분히 고려할 수 있도록 안내해야 한다.

키자니아 체험 북은 6개 이상의 체험 활동 과정을 담기 위한 것으로, 여기서는 물결책을 활용한다.

물결책은 책의 특성상 앞면 4쪽과 뒷면 4쪽으로 구성되는데, 갈수록 메모할 수 있는 면이 커지므로 이때는 2가지 체험 내용을 기록할 수 있도록 하면 활용도를 높여 사용할 수 있다. 또한 키자니아 체험에서 함께 활용되는 키자니아 스탬프나 지도 등도 같이 붙여서 쓰면 된다.

| 앞면 1쪽 | 앞면 2쪽 | 앞면 3쪽 | 앞면 4쪽 | 뒷면 1쪽 | 뒷면 2쪽 | 뒷면 3쪽 | 뒷면 4쪽 |
|---|---|---|---|---|---|---|---|
| 제목<br>학교<br>이름 | 체험⑤ | 체험⑥ | 키자니아<br>스탬프<br>소감쓰기 | 나만의<br>체험 계획 | 체험① | 체험② | 체험③<br>체험④ |

위에서 본 물결책

앞에서 본 물결책

물결책의 앞면에는 왼쪽과 같이 제목 및 이름, 체험⑤, 체험⑥, 키자니아 스탬프 붙이기, 소감 쓰기 등으로 활용할 수 있다.

물결책의 뒷면은 오른쪽과 같이 나만의 체험 계획과 체험한 내용을 체험①, 체험②, 체험③, 체험④ 등을 쓸 수 있다.

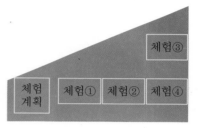

키자니아 체험 물결책

## 키자니아 체험을 해요

자신의 적성이나 꿈과 관련하여 정한 6가지 체험을 직접 경험해보는 시간이다. 키자니아 서울에서 운영하고 있는 층별 체험 시설을 알고 지혜롭게 체험에 참여하도록 안내해 준다.

> **TIP** 이때 앞서 작성한 물결책에 자신이 체험한 내용을 기록하도록 한다.

키자니아 서울 http://www.kidzania.co.kr/

키자니아에서 제공한 '키조' 모의 화폐는 체험할 때 사용할 수 있다. 은행에 저금하거나 인출할 수 있고, 키자니아 안에 위치한 백화점에서 물건을 구입할 수도 있다. 이처럼 키조는 키자니아에서 실제 화폐와 같은 역할을 하므로 아이들이 돈을 벌고 쓰는 경제의 흐름도 경험해 볼 수 있다.

| 1키조 | 5키조 | 10키조 | 20키조 |
| --- | --- | --- | --- |

**교사**

키자니아 체험은 나에게도 흥미롭고 재미있는 체험이었다. '어릴 때 이런 곳이 있었다면 내 꿈은 달라졌을까?'라는 생각을 해 보면서 학생들에게 키자니아 같이 꿈꾸고, 체험하고, 느낄 수 있는 곳이 많이 제공되었으면 하는 마음이 든다. 제한된 시간 때문에 욕심만큼 많이 체험할 수 없었지만, 무한한 가능성을 가진 아이들이 자극받고 자신의 진로를 새롭게 설계하고 꿈꿀 수 있기를 바란다.

**학생**

키자니아가 진짜처럼 꾸며져 있어서 너무 신기했었고, 체험을 하면서 가짜 돈을 벌 수도 있고 쓸 수도 있어서 재미있었다.　　김ㅇ경

내가 하고 싶은 직업에 대해 진지하게 생각해 볼 수 있었고, 내가 진짜 아나운서가 될 수 있을지 자신감이 없었는데 자신감도 생겼다.　　설ㅇ나

서울에서 키자니아 체험한 것이 가장 기억에 남는다. 너무 해 보고 싶은 것은 많은데 시간이 부족하고 줄을 서야 하는 게 안타깝고 아쉬웠다.ㅠㅠ　　조ㅇ아

# 가자! 직업 속으로

## 10살에 꼭 만나야 할 100명의 직업인

한선정 글, 이동철 그림 / 조선북스 / 2008

아이들이 선호하는 직업과 미래의 유망 직업 중 100가지를 소개하고 있다. 또한 그 직업을 대표하는 인물들의 생생한 경험담을 들을 수 있어, 간접 경험의 기회를 제공해 준다.

## 적성과 진로를 짚어 주는 직업 교과서 시리즈 1~50

와이즈멘토 외 글, 문다미 외 그림 / 주니어김영사 / 2013

희망하는 직업을 갖기 위해 필요한 능력, 되는 방법, 학과 선택 등 구체적인 정보를 제공하고 있다. 진로 탐색을 통한 진로를 계획할 때 실질적인 도움을 받을 수 있는 책이다. 청소년들의 관심이 높은 50가지의 직업에 대한 이야기를 쉽게 풀어서 전해 준다.

"작은 일에도 최선을 다하면 정성스럽게 된다." — 중용
앞을 가늠할 수 없는 막막한 어둠 속에서 길을 헤매고 있더라도,
독서와 더불어 자신의 길에 대한 열망과 노력을 다한다면
분명 자신의 꿈에 날개를 달고
옹골지게 자기 빛깔로 비상할 날이 올 것이다.

**도움 주신 곳**

시공주니어, 중앙출판사, 길벗어린이, 어린이 작가정신, 책그릇, 웅진주니어, 고슴도치, 문공사, 국민출판, 소담주니어, 예림당, 문학동네, 봄봄, 명주, 별숲, 비룡소, 사계절, 마루벌, 바람의 아이들, 보림, 글담어린이, 국일미디어, 다산에듀, 뜨인돌어린이, 큰나, 정글짐북스, 노란상상, 푸른책들, 소란, 파란정원, 창비, 주니어RHK, 여원미디어, 청어람미디어, 보리, 황소걸음, 미세기, 진선아이, 아름다운 사람들, 가교출판, 고래이야기, 토토북, 채우리, 북멘토, 풀빛, 살림어린이, 우리교육, 길벗스쿨, 이케이북, 주니어중앙, 삼성출판사, 리젬, 생활성서, 크레용하우스, 스콜라, 중앙북스, 이지북, 처음주니어, 꿈결, 조선북스, 주니어김영사, 키자니아 서울

이 책이 나오기까지 많은 도움을 주신 여러 출판사와 관계자님들께 진심으로 감사 드립니다.